Visual Reading®

Garantiert schneller lesen und mehr verstehen

Impressum

Autor: Christian Grüning
Grafik: Sabine Binder, Bärbel Kober, Georg Popp, Maria Popp
Umschlaggestaltung: KreativeSatzArt Bärbel Kober
Konzeption, Satz und Layout: Georg Popp
Lektorat: Cornelia Schmid
Projektleitung: Nadine Rühlemann
Fotos: Bardo Gösken (S. 45, 198), Georg Popp (S. 11, 54, 56, 57)
Sebastian Schloemp (S. 7)
Druck: P+M Druckerei, Turany, Slowakei

Das Werk einschließlich aller seiner Bestandteile ist urheberrechtlich geschützt. Jede Verwertung außerhalb der engen Grenzen des Urheberrechtsgesetzes ist ohne Zustimmung des Verlages unzulässig und strafbar. Das gilt insbesondere für Vervielfältigungen, Übersetzungen, Mikroverfilmungen und die Einspeicherung und Verarbeitung in elektronischen Systemen.

1. Auflage 2007, Nachdruck

© Verlag Grüning
Belgradstraße 9
80796 München
Tel.: 089 – 726 999 27
Fax: 089 – 726 999 28
www.verlag-gruening.de

ISBN-10: 3-981-0936-15
ISBN-13: 978-3981093-61-2

Bibliografische Information der Deutschen Bibliothek
Die Deutsche Bibliothek verzeichnet diese Publikation in der Deutschen Nationalbibliografie, detaillierte bibliografische Daten sind im Internet unter http://ddb.de abrufbar.

Christian Grüning

Visual Reading®

Garantiert schneller lesen und mehr verstehen

1. Auflage 2007, Nachdruck

Inhalt

Die Planung einer Reise — 6

Die Vorbereitungen vor dem Aufstieg — 12

I. Den Standort bestimmen — 13
II. Das Problem der kleinen Schritte — 28
III. Der Blick auf die Gipfelstürmer — 37
IV. Der Blick ins Tal — 43

Der Aufstieg zum Gipfel — 46

I. Steigern Sie Ihre Lesegeschwindigkeit — 48

Ihr persönlicher Bergführer — 54
   Die herrliche Stille — 60
   Ihre „inneren Ohrstöpsel" — 63
   Ihr persönlicher Trainingsplan — 72
   Eine erneute Standortbestimmung — 76
   Die erste Erweiterung des Trainingsplans — 86
   Eine wichtige Vereinbarung — 90
Vergrößern Sie Ihren „Blickbiss" — 91
Schrittweise die Wanderstöcke ablegen — 97
Circling - Das letzte Stück zum Gipfel — 104
Zusammenfassung der Übungen — 111
Ein letzter Blick auf die Landkarte — 113
Die Großmeister des Schreibens und Denkens — 125

II. Steigern Sie Ihre Konzentration beim Lesen — 128

Ihr Epizentrum des Lesens — 129
Installieren Sie den Entspannungs-Reflex — 133

III. Steigern Sie Ihr Verständnis beim Lesen — 136

Installieren Sie den Struktur-Reflex — 137
Überbrücken Sie die Schnittstellen — 142
Entwickeln Sie neue Gewohnheiten — 143
- *Das Training an Absätzen* — 143
- *Das Training an Abschnitten* — 155
- *Das Training an Büchern* — 163
- *Das Training an Wissensgebieten* — 164

IV. Steigern Sie Ihre Erinnerung beim Lesen — 166

Installieren Sie den Leseziel-Reflex — 167
Installieren Sie den Aktivierungs-Reflex — 170
Installieren Sie den Wiedergabe-Reflex — 173
Installieren Sie den Kino-Reflex — 175
- *Mit Ihren fünf Sinnen werden Sie konkret* — 180
- *Mit Ihren fünf Sinnen erzeugen Sie Merkwürdigkeit* — 182
- *Mit Ihren fünf Sinnen erzeugen Sie Eindruck* — 182

Das Buch als Projekt — 184

I. Die Ausgangsbasis — 185
II. Die Rahmenbedingungen — 186
III. Der Leseprozess — 186

Überblick — 186
Durcharbeit — 191
Rückblick — 195

Den Ausblick genießen — 198

Anhang — 200
Literaturverzeichnis — 212
Index — 213

1
Die Planung einer Reise

Die Planung einer Reise

Früher prägte vor allem eine Auffälligkeit meinen Wohn- und Arbeitsbereich: Un- und angelesene Bücher türmten sich in allen Ecken und große Teile des Bodens wurden durch Zeitungen und Zeitschriften bedeckt, die vergebens darauf warteten, gelesen zu werden. Vielfältige Interessen und die Freude am Bücherlesen standen zu wenig Zeit gegenüber. Zudem musste ich bei einem Blick in meine Bücherregale resignierend feststellen, dass ich zu manchen älteren Werken außer einigen

Christian Grüning

Stichpunkten nicht viel wiedergeben konnte, obwohl ich mit diesen Büchern 20, 30 oder mehr Stunden verbracht habe. Schrittweise kam die Einsicht, dass nur eine Verbesserung meiner Lesefähigkeit Abhilfe schafft. Jede Minute, die ich in die Verbesserung meiner Lesefähigkeit investiere, wird mich mein Leben lang dabei unterstützen, die Stapel klein zu halten und mein vorgenommenes Lesepensum zu bewältigen.

Seitdem hat sich viel verändert. In der Zeit, die ich früher für ein Buch aufgebracht habe, lese ich nun sechs oder mehr Bücher. Dabei kommt mir nicht nur die erheblich höhere Lesegeschwindigkeit zugute, sondern vor allem eine starke Motivation. Es ist ein gravierender Unterschied, ob man ein Buch mit der richtigen Technik in einem Zug durchlesen kann oder immer wieder unterbrechen muss. In letzterem Falle muss man sich immer wieder neu in das Buch einfinden. Der Unterschied ist ähnlich groß wie der Übergang vom Krabbeln zum Laufen im Bereich der Bewegung. Im Bereich des Lesens wird man von der Schule nur an das „Krabbeln" herangeführt. Das „Laufen" muss man sich selbst beibringen. Da ich meine neuen Lesefähigkeiten vor allem für die

Die Planung einer Reise

Vorbereitung auf meine beiden juristischen Staatsexamina einsetzen wollte, kam es mir besonders darauf an, den Schwerpunkt neben der Lesegeschwindigkeit auf Verständnis und Erinnerung beim Lesen zu legen. Es hat sich gelohnt. Mit geringem Zeitaufwand habe ich beide Examina mit dem so genannten „großen Prädikat" abgeschlossen. Dies soll diejenigen beruhigen, die befürchten, dass sich dieser Lesekurs nur auf die Geschwindigkeit beim Lesen stürzt, nicht aber auf Verständnis und Erinnerung.

Dieser Umstand führt mich auch zum Titel dieses Buches „Visual Reading®". Begriffe wie zum Beispiel „Speed Reading" finde ich verfehlt. Schnell lesen kann jeder. Aber nur der gute Leser wird das Buch auch verstehen und auf seinen Alltag anwenden können. Glücklicherweise stellt auch die Beschleunigung der Lesegeschwindigkeit eine der Möglichkeiten dar, sein Verständnis beim Lesen zu steigern. Indem man nicht mehr nur isolierte Wörter liest, die alleine keinen Sinn ergeben, sondern damit beginnt, nach Sinneinheiten zu lesen. Sie werden sich dazu vom herkömmlichen Lesen, bei dem man sklavisch jedes Wort mit seiner inneren Stimme ähnlich einem Papagei „nachplappert", lösen und mehr auf Ihren visuellen Kanal vertrauen.

„Alter Wein in neuen Schläuchen" höre ich schon den einen oder anderen Kritiker sagen. „Das hat es doch bestimmt alles schon einmal gegeben." Sie können sicher sein, dass jeder Gedanke in diesem Buch schon einmal gedacht und bestimmt auch schon einmal niedergeschrieben wurde, auch wenn nicht unbedingt alles bis in unsere heutige Zeit erhalten geblieben ist. Alle wichtigen praktischen Grundsätze für erfolgreiches Lernen oder Lesen waren zum Beispiel schon in den Werken von Aristoteles oder Cicero enthalten, und ich bin der Auffassung, dass viele dieser griechischen oder lateinischen Werke um ein Vielfaches gehaltvoller und für die eigene Arbeit verwertbarer sind als einige moderne Werke. Um diese Werke besser verstehen zu können, habe ich an der Universität in Würzburg zusätzlich einige Semester Latein studiert. So kann man zum Beispiel in Ciceros Werk „De oratore" („Über den Redner") die Grundlagen über die praktische Anwendbarkeit von Mnemotechniken (Gedächtnistechniken) nachlesen, obwohl man sich damals noch nicht einmal einig darüber war, ob das Gedächtnis bzw. das Denken dem Kopf, dem Bauch oder dem Herzen zuzuordnen ist. Die moderne Gehirnforschung hat uns immer tiefere Einblicke in den Vorgang unseres Denkens gewährt. Sie hat jedoch keine neuen Lernmethoden hervorgebracht, die nicht schon vor tausenden von Jahren bekannt waren. Amüsiert habe ich daher die vereinzelte Kritik bezüglich meines Buches „Garantiert erfolgreich lernen" zur Kenntnis genommen, dass manche Methoden aus anderen Büchern übernommen seien. Getrost kann man über einen Autor lachen, der vorgibt, Lern- oder Lesetechniken erfunden zu haben. Diese sind vielmehr so alt wie die Kulturgeschichte der Menschheit. Als Beispiel sei die Möglichkeit genannt, Informationen radial, von einem Zentralthema ausgehend, anzuordnen (vgl. Lesezyklus Seite 200). Diese Art der Informationsaufzeichnung konnte man schon zu Zeiten der Höhlenmalerei vorfinden. So viele verschiedene Personen sich in der Folgezeit mit dieser Art, Notizen zu erstellen, beschäftigt haben, so viele Namen wurden für diese Form gefunden. Man liest zum Beispiel von Gedankenkarten, Strukturkarten, Brain Maps, Mind Mapping, oder eben von Visual Card® wie in diesem Buch. Erfunden hat diese Art des Notizenerstellens jedoch niemand, da es sich um die natürliche Denkart unseres Gehirns handelt.

Bei der Vermittlung von Fähigkeiten kommt es aber in entscheidender Weise auf die Qualität der „neuen Schläuche" an, in denen der „alte Wein" geliefert wird. Daher ist es auch legitim, die eigene Herangehensweise mit eigenen Namen zu versehen, um sie unterscheidbar zu machen. Ich spreche im Fortlauf von **„Visual Reading**®**"** und **„Visual Card**®**"** um die Bedeutung des visuellen Kanals hervorzuheben.

Begeben wir uns nun auf die Reise, diese Techniken zu erlernen. Sie können das Erlernen effektiver Lesetechniken mit dem Bergsteigen vergleichen. Unser Ziel ist das Erreichen des Berggipfels. Vor dem Aufstieg werden wir zunächst einige Vorbereitungen treffen. Wir müssen unseren derzeitigen Standort auf der Landkarte des Lesens bestimmen und einen Blick auf die Gipfelstürmer werfen, nämlich auf diejenigen Leser, die bereits schnell und mit hervorragendem Verständnis lesen können. Zudem werfen wir einen Blick auf den bereits zurückgelegten Weg. Schließlich sind wir für den Aufstieg bereit. Sie werden dabei sowohl Ihre Lesegeschwindigkeit, Ihre Konzentration, Ihr Verständnis als auch Ihre Erinnerungsfähigkeit verbessern, bis Sie am Ende des Buches die herrliche Aussicht genießen können. Beginnen wir mit den Vorbereitungen.

Die Vorbereitungen vor dem Aufstieg

Fragen,

die Sie im Hinterkopf behalten sollten:

- ⮕ Wo stehe ich mit meiner Lesefähigkeit?

- ⮕ Wie kann ich mein Textverständnis bestimmen?

- ⮕ Wie bewegen sich meine Augen beim Lesen?

- ⮕ Welche Probleme bereitet herkömmliches Lesen?

- ⮕ Auf welche Weise lesen herausragende Leser?

Die Vorbereitungen vor dem Aufstieg

I. Den Standort bestimmen

Eine Landkarte ist wenig hilfreich, wenn man nicht weiß, wo man sich befindet. Ebenso verhält es sich beim Lesetraining. Bevor wir mit dem Aufstieg beginnen, müssen wir unseren Standort bestimmen.

Bitte lesen Sie dazu den folgenden Text mit Ihrer „Wohlfühl-Geschwindigkeit", also in einer Geschwindigkeit, mit der Sie diesen Text normalerweise lesen würden. Es geht nicht darum, über den Text zu fliegen, weil es sich um einen Test handelt. Idealerweise haben Sie eine Stoppuhr zur Hand. Denn Sie müssen die Zeit messen, die Sie für den Text benötigen. Natürlich können Sie auch eine Uhr mit Sekundenzeiger verwenden. Warten Sie, bis der Sekundenzeiger auf 12 Uhr steht, und beginnen Sie mit dem Lesen. Sofern verfügbar, können Sie auch auf die digitale Uhr in Ihrem Computer zurückgreifen. Im Internet gibt es zudem eine Vielzahl kostenloser Softwareprogramme, die auf dem Computer eine Stoppuhr simulieren. Sie werden bestimmt eine passende Möglichkeit finden. Tragen Sie nach dem Lesen zunächst Ihre Lesezeit in Minuten und Sekunden in das entsprechende Feld am Ende des Textes ein und rechnen Sie das Ergebnis in Sekunden um.

Interessant ist jedoch nicht allein die benötigte Zeit, sondern vor allem mit wie viel Verständnis Sie gelesen haben. Im Anschluss an den Text erwarten Sie daher einige Fragen. Bitte beantworten Sie diese in Stichpunkten. Viel Erfolg.

Die Vorteile des Laufens
von Christian Grüning

Als unsere Vorfahren zum ersten Mal vom Baum sprangen, galt nur ein Leitsatz: „Lauf um Dein Leben". Der Mensch ist für Bewegung geschaffen. Entweder um acht Stunden dem Wisent hinterher zu jagen und die Familie mit Nahrung zu versorgen oder um vor dem Säbelzahntiger zu fliehen. Unser Bauplan hat sich seither nicht verändert. Jedes Kind läuft täglich zehn Kilometer bis man es in der Schule still setzt.

Als Erwachsener sitzen wir jedoch stundenlang am Schreibtisch und knicken unseren Körper in zwei unnatürliche rechte Winkel. Bestimmt wird sich unser Körper irgendwann harmonisch in die Bürolandschaft einfügen. Nur braucht die Evolution mindestens 100.000 Jahre, um auf veränderte Einflüsse zu reagieren. Haben Sie so lange Zeit?

Die Rettung stellt aerobes Lauftraining dar. Aerob bedeutet, dass Sie im Sauerstoffüberschuss ohne Anstrengung laufen. Der Muskel hat genug Sauerstoff, um Fett zu verbrennen. Nur das Laufen im aeroben Bereich hat die nachfolgend beschriebenen Vorteile für Körper und Geist. Beim anaeroben Laufen dagegen strengen Sie sich stark an und dem Muskel geht der Sauerstoff aus. Der Muskel verbrennt Kohlenhydrate, um schnell Energie zu gewinnen, aber kein Fett. Zudem wird Milchsäure produziert - einer der stärksten Müdemacher.

Sobald zu viel Milchsäure (Laktat) im Blut ist, leidet der Muskel unter Sauerstoffnot. Nur Laktatwerte unter 4 mmol/l im Blut signalisieren einen Sauerstoffüberschuss. Nur in diesem Bereich wird Fett verbrannt. Sobald Sie jedoch den anaeroben Bereich erreichen, schaltet Ihr Körper automatisch von Fett- auf Zuckerverbrennung um. Der Sportmediziner Prof. Dr. Richard Rost fing im Kölner Stadtpark 50 Jogger ein und entnahm ihnen einen Tropfen Blut aus dem Ohrläppchen. Keiner der 50 Jogger lag mit seinem Laktatwert im gesunden Fettverbrennungsbereich. Keiner der Probanden verbrannte auch nur ein einziges Gramm Fett. Nur ein langsameres, weniger anstrengendes Laufen hätte diesen Effekt gehabt. Um im aeroben Trainingsbereich zu bleiben, müssen Sie sich an Ihrem Puls orientieren, denn das Herz kann keine Sauerstoffschuld eingehen. Laufen Sie schneller, schlägt auch Ihr Herz schneller. Tabellen, aus denen sich der Fettverbrennungspuls ablesen lässt, spiegeln nur Lehrbuchwissen wieder. Jeder Mensch hat seinen individuellen Fettverbrennungspuls. Ihren optimalen Puls können Sie beim Sportmediziner bestimmen lassen.

Um dauerhaft die Vorteile des Laufens genießen zu können, sollten Sie täglich 30 Minuten joggen. Am besten direkt nach dem Aufstehen. So kommt Ihnen nichts dazwischen. Außerdem erfolgt die Bildung fettverbrennender Enzyme am besten, wenn keine Kohlenhydrate im Magen sind. Nutzen Sie die intensive Sauerstoffversorgung Ihres Gehirns, um während des Laufens Ihren Tag vorauszuplanen. Die Zeit, die Sie früher aufstehen, bekommen Sie durch mehr Wachheit und Ausgeglichenheit mehrfach zurück. Damit Sie auch wirklich motiviert sind, alsbald loszulegen, möchte ich Ihnen weitere Vorteile des aeroben Lauftrainings nicht vorenthalten.

Laufen macht Sie klüger

Langsames Laufen durchflutet das Gehirn nach den Angaben des Mediziners Dr. Michael Spitzbart mit bis zu zehnmal mehr Sauerstoff. Dagegen sorgen Tabletten, die gerade ältere Personen bei Gedächtnisproblemen für eine verbesserte Sauerstoffaufnahme einnehmen und die weltweit die meistverordneten Medikamente sind, gerade mal für eine Verbesserung von 5 Prozent. Selbst Sauerstoffmehrschritttherapien steigern die Aufnahme von Sauerstoff um nur 25 Prozent - verschwindend gering gegen die Verbesserung beim Laufen von bis zu 1000 Prozent. Dadurch wird eine Flut des Kreativitätshormons ACTH freigesetzt. Es macht den Geist klar und hellwach und verbessert die Kreativität Ihres Denkens. Zudem ist dieses Hormon die einzig bekannte Substanz, die ranzige Fettablagerungen zwischen den Gehirnzellen ablösen kann. Dadurch verbessert und beschleunigt sich der Strom Ihrer

Gedanken. Beim Laufen lösen sich viele Probleme wie von selbst. Denn es werden Botenstoffe in Ihrem Gehirn freigesetzt, die das Gedächtnis schärfen und das Lernvermögen verbessern.

Durch die dauerhafte Umstellung der Körperchemie auf Fettverbrennung bleibt für das Gehirn mehr Zucker übrig. Ihr Blutzuckerspiegel bleibt dadurch konstant und Sie können sich länger konzentrieren. Anders dagegen der unbewegte Kopfarbeiter: er ernährt auch seine Muskeln mit Zucker. Der Blutzuckerspiegel sinkt und das Gehirn leidet. Sie werden müde und unkonzentriert.

Zudem wird durch Bewegung das Stresshormon Adrenalin abgebaut. Unter Stress können Sie nicht mehr klar denken. Durch den Abbau werden Sie wieder denk- und leistungsfähig. Zudem schlägt Adrenalin Kerben in die Gefäßinnenwände und macht diese porös. Dadurch kann Fett besser andocken und die Gefäße verkleben. Die Folgen sind Arteriosklerose, Schlaganfall und Herzinfarkt.

Interessant sind auch die Forschungsergebnisse des Neuropsychologen Prof. Dr. Henner Ertel. Er hat durch seine Untersuchungen an 30.000 Probanden bewiesen, dass sich die Intelligenz durch eine Kombination von aerobem Bewegungstraining und Lernen innerhalb von 36 Wochen im Durchschnitt um 27 Prozent steigern lässt.

Laufen macht Sie glücklicher

Laufen im Sauerstoffüberschuss setzt Endorphine frei. Dies sind körpereigene Opiate. Sie agieren als Botenstoffe für Euphorie und versetzen den ganzen Körper in einen kribbelnden Rauschzustand. Auch den Glücksbotenstoff Serotonin können Sie durch das Laufen selbst erzeugen. Sämtliche modernen Antidepressiva wirken auf die Konzentration von Serotonin im Körper ein, um über die Erhöhung des Serotoninspiegels die Stimmung zu heben. Diesen Stoff können Sie ohne Nebenwirkungen selbst erzeugen.

Der Würzburger Verhaltenstherapeut Prof. Dr. Ulrich Bartmann stellte fest: „Wer regelmäßig ohne verbissenen Ehrgeiz joggt, wird psychisch stabiler, sozial offener, kontaktfreudiger."

Laufen macht Sie gesünder

Durch das richtige Laufen wird Ihr Immunsystem gestärkt. Schon nach 30 Minuten haben sich die Killerzellen in Ihrem Blut um 31 Prozent erhöht. Diese können Viren und Bakterien effektiver bekämpfen, auch Krebszellen. Bei anaerobem Training werden dagegen freie Radikale gebildet, die Gefäßwände und das Immunsystem zerstören. Laufen Sie daher nicht zu schnell.

Durch das Laufen kräftigen und vergrößern Sie Ihr Herz. Der Ruhepuls sinkt. Ihr Herz arbeitet dadurch ökonomischer und schlägt länger. Mit jedem Schritt stärken Sie Ihre Gelenke und Knochen, da Bewegung Knorpel und Knochen festigt. Haben Sie schon einmal ein Reh mit künstlichem Hüftgelenk gesehen?

Durch richtiges Laufen bilden Sie wertvolle Fettverbrennungsenzyme, die Ihren Cholesterinspiegel dauerhaft senken. Selbst abgelagerte Nahrungsfette werden verbrannt. Sie ersparen sich den Gefäßchirurgen, da ein Muskel, der im Sauerstoffüberschuss bewegt wird, seine Blutgefäße vermehrt. Nährstoffe werden dadurch wieder optimal transportiert. Zudem beugen Sie Diabetes vor, denn Laufen senkt den Insulinspiegel. Die Körperzellen werden empfindlicher gegenüber dem blutzuckersenkenden Insulin, wodurch Sie das Risiko der Altersdiabetes mindern.

Laufen ist auch die einzige Diät, die dauerhaft hilft. Durch das Training steigt die Menge der fettabbauenden Enzyme. Die Anzahl der fettverbrennenden Öfchen in Ihrem Körper steigt. Ihre Muskelmasse nimmt zu und das Fett schmilzt weg. Die tägliche Bewegung steigert Ihren Stoffwechselumsatz um 25 Prozent. Ihr Körper verbrennt von nun an Fett, selbst wenn Sie am Schreibtisch sitzen, in der Hängematte liegen oder schlafen.

Laufen Sie lächelnd und nicht zu schnell

Laufen im anaeroben Bereich bietet diese Vorteile nicht. Sie schwächen dadurch nur Ihr Immunsystem. Sollte Sie daher in Zukunft ein angestrengter Jogger überholen: Lächeln Sie weise.

Die Vorbereitungen vor dem Aufstieg

> Ihre Lesezeit:
>
> _5_ Minuten _55_ Sekunden = _355_ **Sekunden**

Bitte beantworten Sie die folgenden Fragen der Reihe nach in Stichpunkten:

1. Welche zwei Hauptaufgaben, die die Bewegung für unsere Vorfahren hatte, werden am Anfang des Textes genannt?

   Entweder Nahrung jagen oder vor einer Gefahr davon laufen.

2. Wie lange braucht die Evolution, um auf veränderte Einflüsse zu reagieren?

   100.000 Jahre

3. Was ist der Unterschied zwischen aerobem und anaerobem Laufen?

   aerob - Sauerstoffüberschuss = gut
   anaerob - Sauerstoffmangel - schlecht

4. Was konnte der Neuropsychologe Prof. Dr. Henner Ertel beweisen?

   50 Läufer im Stadtpark eine Blutprobe entnommen
   ⇒ keine inaktive Bereich

Fragen zum Lesetest

Den Standort bestimmen

5. Warum ist der Morgen ein guter Zeitpunkt zum Joggen?

Keine Kohlenhydrate im Magen, macht den Kopf frei, Tag in dieser Zeit plane

6. Welche drei Hauptvorteile des Laufens werden in den drei Unterüberschriften angesprochen?

Laufen macht klüger, glücklicher und gesünder

7. Um wie viel Prozent verbessert sich die Sauerstoffaufnahme durch Tabletten, durch Sauerstofftherapien und durch Laufen?

Bei Tabletten um 5%, Therapien 25% und beim Laufen um 1000%

8. Welche Verbesserungen bringt das Hormon ACTH?

„Kreativ hormon"

9. Welches Experiment führte Prof. Dr. Richard Rost durch? Was war das Ergebnis?

?

10. Welche Auswirkungen hat das Laufen auf Ihre Gesundheit?

Festigt Knochenbau, stärkt Muskulatur, verbrennt Fett, verbessert Funktionalität des Hörens

Die Vorbereitungen vor dem Aufstieg

Vergleichen Sie Ihre Antworten auf die zehn Fragen des Lesetests mit den folgenden. Bestimmen Sie Ihr Textverständnis anschließend in Prozent. Geben Sie sich 10 Prozent für eine vollständig richtige Antwort. Geben Sie sich 5 Prozent wenn Sie die Frage teilweise richtig beantworten konnten, und 0 Prozent wenn Sie keine richtige Antwort gegeben haben. Addieren Sie diese Prozentwerte und tragen Sie das Ergebnis in das Feld am Ende der Antworten ein. Wenn Sie zum Beispiel vier Fragen richtig und drei Fragen nur halb beantworten konnten, liegt Ihr Textverständnis bei 55 Prozent.

Antworten:

1. Welche zwei Hauptaufgaben, die die Bewegung für unsere Vorfahren hatte, werden am Anfang des Textes genannt?

    - der Beute hinterherjagen (zum Beispiel Wisent)
    - vor natürlichen Feinden fliehen (zum Beispiel Säbelzahntiger)

    10%

2. Wie lange braucht die Evolution, um auf veränderte Einflüsse zu reagieren?

    - 100.000 Jahre

    10%

3. Was ist der Unterschied zwischen aerobem und anaerobem Laufen?

    Beim aeroben Laufen trainieren Sie im Sauerstoffüberschuss ohne Anstrengung. Der Muskel kann Fett verbrennen. Beim anaeroben Laufen geht dem Muskel dagegen der Sauerstoff aus. Er verbrennt kein Fett und produziert Milchsäure.

    10%

4. Was konnte der Neuropsychologe Prof. Dr. Henner Ertel beweisen?

    Die Intelligenz lässt sich durch eine Kombination von aerobem Bewegungstraining und Lernen steigern (um bis zu 27 Prozent innerhalb von 36 Wochen).

    0%

Antworten zum Lesetest

5. Warum ist der Morgen ein guter Zeitpunkt zum Joggen?

- Es kommt keine Störung dazwischen
- Die Bildung fettverbrennender Enzyme wird verbessert
- Sie können den Tag vorausplanen
- Sie profitieren von mehr Wachheit und Ausgeglichenheit über den Tag

5 %

6. Welche drei Hauptvorteile des Laufens werden in den drei Unterüberschriften angesprochen?

- Laufen macht klüger
- Laufen macht glücklicher
- Laufen macht gesünder

10 %

7. Um wie viel Prozent verbessert sich die Sauerstoffaufnahme durch Tabletten, durch Sauerstofftherapien und durch Laufen?

- Tabletten: 5 Prozent Verbesserung
- Sauerstofftherapien: 25 Prozent Verbesserung
- Laufen: bis zu 1.000 Prozent Verbesserung

10 %

8. Welche Verbesserungen bringt das Hormon ACTH?

- Es macht den Geist klar und hellwach
- Es verbessert die Kreativität Ihres Denkens
- Es kann ranzige Fettablagerungen zwischen den Gehirnzellen ablösen

5 %

9. Welches Experiment führte Prof. Dr. Richard Rost durch? Was war das Ergebnis dieses Experiments?

Er untersuchte im Kölner Stadtpark den Laktatwert von 50 Joggern. Keiner der Probanden verbrannte auch nur ein Gramm Fett.

0

10. Welche Auswirkungen hat das Laufen auf Ihre Gesundheit?

- Ihr Immunsystem wird gestärkt

Die Vorbereitungen vor dem Aufstieg

- Sie kräftigen und verbessern Ihr Herz
- Sie stärken Knochen und Gelenke
- Sie senken Ihren Cholesterinspiegel
- Sie senken Ihren Insulinspiegel
- Sie verbrennen mehr Fett

Ihr Textverständnis: 10 %

Pulstabelle

Sofern Sie die Vorteile des Laufens überzeugt haben, Sie aber zu Beginn noch keinen Sportarzt aufsuchen möchten, gebe ich Ihnen eine Tabelle an die Hand, aus der sich der Puls für aerobes Laufen entnehmen lässt. Der Puls ist abhängig vom Alter und vom Ruhepuls. Messen Sie Ihren Ruhepuls morgens vor dem Aufstehen. Wie erwähnt, können diese Tabellenwerte aber nur Richtwerte sein.

Ruhepuls pro Minute	Belastungspuls (altersabhängig)				
	20-39	40-49	50-59	60-70	über 70
unter 50	140	135	130	125	120
50-59	140	135	130	125	120
60-69	145	140	135	130	125
70-79	145	140	135	130	125
80-89	145	140	135	130	125
90-100	150	145	140	135	130

Wenden wir uns im nächsten Schritt Ihrer Lesegeschwindigkeit zu. Diese werden wir im Laufe dieses Kurses in Wörtern pro Minute (wpm) bestimmen, damit Sie einen Gradmesser für Ihren persönlichen Fortschritt haben. Diese Messgröße ist nicht dafür gedacht, sich mit anderen zu vergleichen. Es gibt Leser, die mit hohen Lesegeschwindigkeiten und hohem Verständnis lesen, aber auch Leser, die mit hohen Lesegeschwindigkeiten und wenig Verständnis lesen. Ebenso gibt es Leser, die langsam und mit gutem Verständnis lesen, und letztlich die Gruppe von Lesern, die langsam und mit sehr wenig Verständnis liest. Nach der Arbeit mit diesem Buch werden Sie zu der seltenen ersten Gruppe gehören, nämlich zu den Lesern, die ihren Lesestoff selbst bei geringem Zeiteinsatz beherrschen.

Wie Sie im Fortlauf dieses Kurses erfahren, ist die Erhöhung der Lesegeschwindigkeit ein wichtiges Mittel, um Ihr Verständnis des Textes zu erhöhen. Möchten Sie der riesigen Gruppe von Lesern entfliehen, die langsam und mit wenig Verständnis liest, werden Sie nicht darum herumkommen, Ihre Geschwindigkeit erheblich zu steigern. Sie müssen lernen, nach Bedeutungseinheiten zu lesen und nicht nach einzelnen Wörtern, die isoliert keinen Sinn vermitteln. Neben dem Zuwachs an Verständnis können Sie sich in Zukunft über einen erheblichen Zeitgewinn freuen. Dennoch wird die Geschwindigkeit alleine niemals im Vordergrund stehen, sondern ausschließlich das Erreichen Ihres Lesezieles, auch wenn Sie am Ende mindestens dreimal so schnell lesen.

Zur Berechnung Ihrer derzeitigen Lesegeschwindigkeit müssen Sie 64.920 (Anzahl der gelesenen Wörter x 60) durch Ihre Lesezeit in Sekunden teilen.

Ihre Ausgangsgeschwindigkeit:
64.920 : _____ (Lesezeit in Sekunden) = _____ **wpm**

Übertragen Sie Ihre beiden Ausgangswerte in das folgende Diagramm. Verwenden Sie für Lesegeschwindigkeit und Verständnis unterschiedliche Farben oder unterschiedliche Symbole, zum Beispiel ein (**x**) für die Geschwindigkeit und einen kleinen Kreis (**o**) für das Verständnis. Wenn Sie mit einer Geschwindigkeit von 200 wpm und mit einem Verständnis von 60 Prozent gelesen haben, können Sie dieses Ergebnis wie folgt in das Diagramm übertragen:

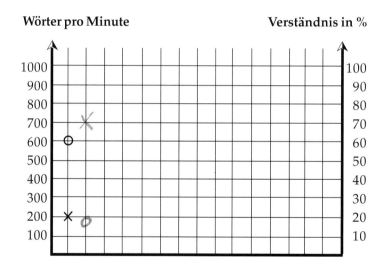

Übertragen Sie alle weiteren Ergebnisse Ihrer Lesetests in die Grafik. Auf diese Weise erhalten Sie eine Kurve, die die Entwicklung Ihrer Lesegeschwindigkeit und eine Kurve, die die Entwicklung Ihres Textverständnisses widerspiegelt. Ihre Verbesserungen in beiden Bereichen haben Sie so ständig im Blick.

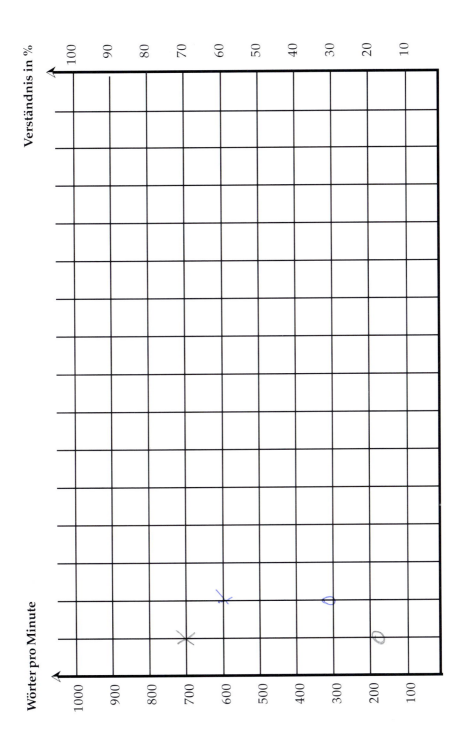

Schwierigkeiten bei der Bestimmung des Textverständnisses

Die Bestimmung des Textverständnisses anhand vorgegebener Fragen ist problematisch. Denn mit solchen Testfragen wird nicht getestet, was der Leser über den Text weiß, sondern was der Tester wissen möchte. Dies entspricht auch nicht den Gegebenheiten beim „normalen" Lesen. Sie erhalten nicht bei jedem Text am Ende einen Fragenkatalog, mit dem Sie Ihr Verständnis kontrollieren können. Sehen Sie diese Fragen daher nur als eine Hilfe für den Anfang. Sie erleichtern Ihnen bei den ersten Durchgängen die Bestimmung Ihres Textverständnisses.

Eine bessere Vorgehensweise besteht darin, den Text nach dem Lesen im Geiste in eigenen Worten wiederzugeben. Oftmals ist man der Ansicht, einen Text verinnerlicht zu haben, muss dann jedoch feststellen, ausschließlich die Worte des Autors wiederholen zu können. Ist man hingegen in der Lage, den Text in eigenen Worten wiederzugeben und anderen zu erklären, so kann man sicher sein, den Text von Grund auf verstanden zu haben. Für die Bestimmung des Textverständnisses nimmt man daher den Umweg über die Erinnerung.

Ausgehend von dieser Wiederholung müssen Sie nun Ihr Textverständnis in Prozent bestimmen. Gehen Sie von folgenden Eckwerten aus. 0 Prozent Textverständnis bedeutet, dass Sie von dem Text überhaupt nichts wiedergeben können. 50 Prozent bedeuten, dass Sie die wesentlichen Hauptaspekte des Textes und den roten Faden rekapitulieren können, jedoch keine Nebenpunkte. Wenn Sie sich nicht an alle wichtigen Hauptpunkte erinnern können, liegen Sie mit Ihrem Textverständnis irgendwo zwischen 0 und 50 Prozent. Können Sie die Hauptpunkte und einige Details wiedergeben, stufen Sie sich je nach eigener Leistung zwischen 50 und 100 Prozent ein. Bei 100 Prozent können Sie alle wesentlichen Haupt- und

Nebenpunkte erinnern und auch wichtige Details wiedergeben. 100 Prozent Textverständnis bedeutet selbstverständlich nicht, den Text auf Punkt und Komma genau nacherzählen zu können. Es sei denn, Sie lernen ein Gedicht auswendig.

Es geht hierbei nicht um prozentuale Genauigkeit, da es eine punktuelle Messgröße wie für die Lesegeschwindigkeit naturgemäß nicht geben kann. Umso häufiger Sie diese aktive Nachschau eines Textes in Ihr Lesen einbauen, desto genauer wird Ihnen die Bestimmung Ihres Textverständnisses in der Zukunft gelingen. Hervorragende Leser haben diesen Schritt so weit verinnerlicht, dass diese Nachschau nicht mehr bewusst abläuft, sondern sie den Text unbewusst und völlig automatisch während des Lesens im Geiste rekapitulieren. Dies ist eine Grundvoraussetzung für gute Erinnerung, denn durch die Wiederholung werden die Inhalte des Textes aktiv aufbereitet.

Auch wenn diese Vorgehensweise die einzig akkurate Möglichkeit ist, das Textverständnis zu bestimmen, erfordert dies eine sehr hohe Lesekompetenz. Die Fähigkeit, den Inhalt eines Textes in kürzester Zeit vorüberziehen zu lassen und sein Verständnis auf einer Skala von 0 bis 100 einzuordnen, werden wir uns im Laufe dieses Buches erst erarbeiten. In meinen Seminaren, in denen ich mit weit über 10.000 Teilnehmern an der Verbesserung ihrer Lesefähigkeiten gearbeitet habe, musste ich feststellen, dass diese Vorgehensweise gerade den schwächeren Lesern am Anfang große Probleme bereitet. Einzig aus diesem Grund habe ich den Leseübungen einen Fragenkatalog angefügt. Sie werden im Fortlauf dieses Buches genügend Übungsmöglichkeiten haben, Ihr Textverständnis immer besser ohne solche Lesetests zu bestimmen. Denn die einzige Möglichkeit, diese für den Leseprozess entscheidende Fähigkeit zu verbessern, besteht darin, es immer wieder zu üben.

II. Das Problem der kleinen Schritte

Ihren Standort auf der Landkarte der Lesefähigkeiten haben wir bestimmt. Den Gipfel und somit Ihr Ziel haben Sie klar vor Augen. Sie möchten zu der kleinen Gruppe von Lesern vorstoßen, die Texte jeder Art in möglichst kurzer Zeit mit einem Höchstmaß an Verständnis und Erinnerung verarbeiten kann.

Dazu müssen Sie sich zunächst der Bewegung Ihrer Augen beim Lesen bewusst werden. Sind Sie der Ansicht, dass sich Ihre Augen beim Lesen in einer gleichmäßigen Bewegung von links nach rechts und zurück bewegen oder nehmen Sie die Bewegung Ihrer Augen in einer anderen Weise wahr? Da Ihnen die Beantwortung dieser Frage alleine nicht gelingen wird, sollten Sie einen Menschen in Ihrer Umgebung bitten, an einer Übung teilzunehmen.

> **Übung**
>
> Setzen Sie sich Ihrem Übungspartner gegenüber, so dass Sie sich in die Augen schauen können. Halten Sie Ihr Buch etwas unter Augenhöhe, so dass Ihr Partner Ihre Augen gerade noch sehen kann und beginnen Sie zu lesen. Tauschen Sie die Rollen. Ihr Partner liest und Sie beobachten diesmal seine Augen. Tauschen Sie sich anschließend über Ihre Erkenntnisse aus.

Die Augen Ihres Übungspartners bewegen sich in Sprüngen über die Zeile. Denn das Auge kann nur dann etwas scharf sehen, wenn es auf einem Objekt ruht. In Bewegung ist es dem Auge nicht möglich, etwas zu fokussieren. Es sei denn, es bewegt sich. Dann müssen die Augen versuchen, sich in dieser Geschwindigkeit mitzubewegen. Das bedeutet aber wiederum, dass das Auge auf dem Objekt still steht. Wenn Sie versuchen, aus einem fahrenden Zug den Text auf Schildern zu entziffern, bemerken Sie, wie schwierig das ist.

Das Problem der kleinen Schritte

Wenn Sie die einzelnen Blicksprünge zählen, wobei Sie den ersten Sprung vom Ende einer Zeile an den Anfang der nächsten Zeile nicht vergessen dürfen, stellen Sie fest, dass die Anzahl der Sprünge in der Regel der Anzahl der Wörter in einer Zeile entspricht. Sollten Sie weniger Sprünge als Wörter pro Zeile zählen, können Sie sich glücklich schätzen, in Ihrer Lesefähigkeit schon fortgeschritten zu sein. Bei den meisten Lesern bewegen sich die Augen aber in folgender Weise über die Zeilen: Die Augen fixieren ein Wort, nehmen dieses auf und springen weiter zum nächsten Wort. Auf diese Weise quälen sie sich bis an das Ende eines Textes.

Dieses „Wort für Wort Lesen" bringt einige Probleme mit sich. Zum einen begrenzen Sie sich erheblich in Ihrer Lesegeschwindigkeit. Untersuchungen im Leselabor haben ergeben, dass die Fixationszeiten, also die Zeiten, die Sie mit Ihren Augen auf einem Wort verharren, im Durchschnitt ¼ Sekunde betragen. Die Sprünge zwischen den Fixationen dauern dagegen nur Millisekunden, so dass man diese Zeiten bei der Berechnung vernachlässigen kann. Pro ¼ Sekunde lesen Sie somit ein Wort. Das bedeutet, dass Sie in einer Sekunde 4 Wörter und in einer Minute 240 Wörter lesen können. Die durchschnittliche Lesegeschwindigkeit in der Bevölkerung liegt aber bei nur 215 Wörtern pro Minute, also etwas unter dem berechneten Wert. Das hat seine Ursache in weiteren Problemen, die beim Lesen auftreten und noch erläutert werden.

Die Begrenzung der Geschwindigkeit ist nicht das Hauptproblem. Viel schwerer wiegen die Einschränkungen, die Sie Ihrem Verständnis damit auferlegen. Nehmen wir an, Ihre Augen fixieren zunächst das Wort „Ein". Dieses Wort alleine wird Ihnen keinen

Sinn vermitteln. Ihre Augen springen nun zum nächsten Wort und Ihr Gehirn erkennt dieses als „kleiner". Wieder kein Verständnis. Vielmehr müssen Sie die Bedeutung dieses zweiten Wortes zu der Bedeutung des ersten Wortes hinzuaddieren. Was sich so einfach anhört, erfordert Millionen von chemischen Reaktionen in Ihrem Gehirn. Ermüdende Rechenarbeit, ohne dass sich Verständnis einstellen kann. Ihre Augen springen nun zum nächsten Wort „grüner". Noch immer kein Verständnis. Weitere Millionen chemischer Reaktionen. Erneut ermüdende Rechenarbeit ohne erkennbaren Nutzen. Ihre linke Gehirnhälfte, die Daten linear, digital und analytisch verarbeitet, ist mit anstrengender Rechenarbeit beschäftigt. Ihre rechte Gehirnhälfte, die ständig Bilder benötigt, bekommt dagegen keine Impulse. „Ein kleiner grüner" ergibt noch kein Bild. Dies ist umso schlimmer, als Bilder der eigentlichen Sprache des Gehirns am nächsten kommen. Versuchen Sie zum Beispiel, jemandem aus Afrika das Naturereignis „Schnee" nur mit Worten zu erklären. Sie müssen zunächst eine fremde Sprache erlernen. Haben Sie diese Hürde überwunden, stellen Sie unter Umständen resigniert fest, dass in diesem Stammesdialekt keine beschreibenden Wörter für Schnee vorhanden sind, da es Schnee in diesen Breitengraden, zumindest seit Erfindung der Sprache, noch nicht gegeben hat. Ein Foto von Schnee ist dagegen für das Gehirn viel einfacher zu erfassen. Idealerweise haben Sie Schnee in einer Tiefkühltruhe bei sich. Neben dem Sehen können Sie auf diese Weise auch die anderen vier Sprachen des Gehirns, nämlich das Hören, Fühlen, Schmecken und Riechen einsetzen.

Langsam müssen Sie aufpassen, vor lauter Rechenarbeit den Anfang des Satzes nicht zu vergessen. Bei drei Wörtern bereitet das noch keine Probleme. Wenn ein Autor jedoch in verschachtelten Sätzen schreibt und das entscheidende Verb bis zum Ende des Satzes auf sich warten lässt, laufen Sie Gefahr, den Anfang wieder zu vergessen.

Mit dem nächsten Blicksprung entziffern Sie aber endlich das Wort „Apfel". Nach weiteren Millionen chemischer Reaktionen kann Ihr Gehirn dem Lesevorgang endlich einen Sinn entnehmen: „Ein kleiner grüner Apfel". Nun ist es Ihnen möglich, das Bild eines kleinen grünen Apfels in Bruchteilen einer Sekunde vor dem inneren Auge entstehen zu lassen. Verdeutlichen möchte ich das eben angesprochene Problem mit folgender Übung.

Versuchen Sie diesen bekannten Ausspruch von Abraham Lincoln zu verstehen:

Hätte ich 5 Stunden Zeit einen Baum zu fällen, würde ich 3 Stunden dazu verwenden, die Säge zu schärfen.

Leichter wird es Ihnen auf diese Weise fallen:

Hätte ich 5 Stunden Zeit

einen Baum zu fällen,

würde ich 3 Stunden

dazu verwenden,

die Säge zu schärfen.

Die Vorbereitungen vor dem Aufstieg

Ein guter Leser nimmt die Bedeutungseinheit „Ein kleiner grüner Apfel" mit einem einzigen Blicksprung auf. Es sind keine mühseligen, anstrengenden und zeitraubenden Additionen erforderlich. Dem Lesevorgang kann sofort ein Sinn entnommen werden. Dadurch laufen gute Leser nicht Gefahr, frühzeitig beim Lesen abzuschalten. Ihr Gehirn kann sich unmittelbar einen kleinen grünen Apfel vorstellen, denn für das Verstehen des Textes muss Ihr Gehirn auf die internen Repräsentationen Ihrer fünf Sinne Bezug nehmen. Wörter dagegen entsprechen nicht der Sprache des Gehirns. Die Entwicklungsgeschichte des Menschen ist über vier Milliarden Jahre alt. Den Menschen in annähernd der heutigen Form gibt es seit vier Millionen Jahren. Wörter bzw. die Sprachen dieser Welt gibt es seit einer vergleichsweise sehr kurzen Zeit. Die erste Schrift wurde 3.000 v. Chr. durch die Sumerer erfunden. Das Gehirn muss die gelesenen Wörter somit in die eigene Sprache übersetzen. Bei einem „Wort für Wort Lesen" fällt das schwer.

Doch nicht nur Ihr Verständnis leidet unter dieser „Wort für Wort" Annäherung an den Text, sondern auch Ihre Konzentration. Bestimmt sind Sie bestens mit folgendem Szenario vertraut. Sie lesen eine Seite, nur um anschließend festzustellen, dass Sie mit Ihren Gedanken ganz woanders waren und die entsprechenden Stellen noch einmal lesen müssen. In diesem Fall können Sie sich jedoch glücklich schätzen. Zumindest haben Sie Ihre geistige Abwesenheit erkannt. In der Vielzahl der Fälle werden Sie nicht mitbekommen, dass Sie nichts mitbekommen haben. Sie richten ab einer bestimmten Stelle Ihre Aufmerksamkeit wieder auf den Text und realisieren Ihren Ausflug in das Reich der Tagträume nicht. Wenn Sie das Buch ein zweites Mal lesen, beschleicht Sie das Gefühl, bestimmte Stellen noch nie gelesen zu haben - und Sie haben Recht damit. Dies sind gewissermaßen die schwarzen Stellen in Ihrem Buch. Ärgerlich, wenn gerade diese Abschnitte besonders wichtig waren und Sie das Buch zum Beispiel im Hinblick auf eine Präsentation oder Prüfung am nächsten Tag gelesen haben.

Ressourcen für ablenkende Gedanken

In der Wissenschaft wird immer wieder angeführt, dass ein Mensch mit einer Geschwindigkeit von mindestens 600 Wörtern pro Minute denkt. Dagegen ist die durchschnittliche Sprechgeschwindigkeit von 150 Wörtern pro Minute sehr langsam. Es fällt daher häufig schwer, seine Konzentration bei einem Vortrag aufrecht zu halten, insbesondere wenn das Thema nicht interessant ist und man seine brachliegende geistige Kapazität nicht dafür nutzt, das Gehörte aktiv zu hinterfragen oder auf seinen Lebensbereich zu übertragen. Ebenfalls aus dem Bereich der Neurowissenschaften stammt die Zahl von 126 neurologischen Bits. Dies ist die Informationsmenge, die unser Bewusstsein in einer Sekunde verarbeitet. Unser Unterbewusstsein verarbeitet dagegen mehrere Milliarden neurologischer Bits pro Sekunde. Bei einer herkömmlichen Lesegeschwindigkeit von 200 Wörtern pro Minute werden jedoch gemäß den Untersuchungen nur ca. 40 Bits pro Sekunde beansprucht. Die restlichen ca. 80 Bits stehen somit für ablenkende Gedanken zur Verfügung. Sie haben genügend Ressourcen frei, um sich während des Lesens in Selbstgespräche zu verwickeln. Vor allem beim Lernen werden diese Selbstgespräche nicht immer positiver Art sein, sondern eher folgendermaßen ablaufen: „Das kann doch niemand verstehen!", „Alle anderen verstehen das viel schneller als ich!", „Warum muss gerade ich bei diesem schönen Wetter lernen?", usw. Ich habe Freunde, die Ihre monatelangen Prüfungsvorbereitungen statt in der Bibliothek zuhause bei laufendem Fernseher verbracht haben. Natürlich ist dies schädlich für die Konzentration. Doch wenn mangels Aktivität beim Lesen sowieso 70 Prozent unserer Ressourcen frei sind, kann man diese besser durch den Fernseher ausfüllen lassen als durch negative Selbstgespräche. Auf diese Weise hat man trotz Prüfungsvorbereitungen zumindest das Gefühl, am allgemeinen Leben teilzuhaben.

Für mich sind solche wissenschaftliche Zahlen nicht relevant. Zwar habe ich mich aus persönlichem Interesse mit allen Entwicklungen im Bereich der Gehirnforschung auseinandergesetzt und verfolge dieses Thema weiterhin sehr gespannt. Auf die Auswahl meiner Lern-, Lese- oder Arbeitstechniken haben diese Ergebnisse aber keinen Einfluss, denn alle erfolgreichen Lesetechniken waren bereits vor tausenden von Jahren bekannt. Entscheidend ist für mich allein, ob eine Technik Erfolg hat, und ob man eine Verbesserung in seiner Arbeitsweise feststellen kann. Unabhängig von jeder wissenschaftlichen Untersuchung stelle ich im Vergleich zu früher einen immensen Zuwachs an Konzentration beim Lesen fest. Beim zügigen Lesen hat man kaum noch Möglichkeiten abzuschweifen. Man ist vielmehr voll und ganz mit dem Lesevorgang beschäftigt. In dieser Hinsicht kann man das Lesen mit dem Fahrradfahren vergleichen. Es ist eine gewisse Geschwindigkeit erforderlich, um geradeaus fahren zu können.

Lesen, wie man es aus der Schule kennt, ist dagegen ein ideales Schlafmittel. Wer nimmt nicht gerne ein Buch mit ins Bett. Das Lesen „Wort für Wort" ist sehr ermüdend. Das Gehirn bekommt nicht genügend Inhalte geliefert und verabschiedet sich nach einer gewissen Zeit in das Reich der Träume. Tagsüber verabschiedet man sich in den Bereich der Tagträumerei, denn beide Gehirnhälften benötigen ständig Informationen. Vor allem unsere rechte Gehirnhälfte verlangt nach visuellen Reizen. Werden diese nicht von außen zugeführt, erschafft sich unser Gehirn die Bilder selbst. Wenn man jemanden in einen dunklen Keller einsperrt, werden die ersten Halluzinationen daher nicht lange auf sich warten lassen.

Die beiden Gehirnhälften

Unser Gehirn ist ähnlich einer Walnuss aufgebaut. Es besteht aus zwei Hälften, die über ein Nervenbündel, das so genannte „corpus callosum", miteinander verbunden sind. Bei der Untersuchung von Patienten, denen zur Epilepsie-Behandlung das corpus callosum durchtrennt wurde, glaubte der Neurobiologe Prof. Dr. Roger Sperry in den 60er Jahren herausgefunden zu haben, dass beide Gehirnhälften unterschiedliche Aufgaben erfüllen.

Die linke Gehirnhälfte ist für analytische Tätigkeiten zuständig. Sie fühlt sich wohl bei der Bearbeitung von linearen Sequenzen. In dieser Hälfte werden Informationen digital, und somit eine nach der anderen, verarbeitet. Zeit spielt für diese Gehirnhälfte daher eine große Rolle. Auch Sprache hat Ihren urtümlichen Sitz in der linken Hemisphäre unseres Gehirns. Akademische Fertigkeiten, auf die in Schule und Ausbildung der Schwerpunkt gelegt wird, fördern hauptsächlich dieses linkshirnige Denken. Durch die Fokussierung auf die einzelnen Bestandteile erkennt die linke Gehirnhälfte zeitweise den Wald vor lauter Bäumen nicht mehr.

Für die rechte Gehirnhälfte spielen dagegen Zeit, Linearität und Sprache keine Rolle. Hier ist das räumliche Denken verankert. Fantasie, Kreativität und Bilder bestimmen das rechtshirnige Denken. Informationen werden analog verarbeitet. Das Gesamtbild ist entscheidend, nicht das einzelne Detail. Die rechte Gehirnhälfte sieht jedoch zeitweise die einzelnen Bäume vor lauter Wald nicht mehr.

Für seine Forschungsergebnisse erhielt Prof. Sperry 1981 den Nobelpreis für Medizin. Jedoch ist diese vereinfachte Aufteilung des Denkens auf die beiden Gehirnhälften nicht uneingeschränkt haltbar. Unser Gehirn besteht vielmehr aus sehr vielen Zentren. Es gibt nicht nur diese beiden Pole des Denkens, sondern unendlich viele Zwischenstufen. Jede Gehirnhälfte kann Aufgaben der anderen Hälfte übernehmen. Es gibt Personen, denen eine Gehirnhälfte operativ entfernt werden musste. Die verbleibende Gehirnhälfte hat in diesen Fällen die Aufgaben der entfernten Gehirnhälfte übernommen.

> Dennoch eignet sich diese Zweiteilung ausgezeichnet als Modell. Denn diese beiden Endpole des menschlichen Denkens gibt es in der Tat. Daher wird auf das Hemisphärenmodell auch heutzutage immer noch zurückgegriffen, um komplexe Vorgänge in unserem Gehirn vereinfacht darzustellen und begreifbar zu machen. Wenn ich im Fortlauf dieses Buches von linkshirnigem Denken bzw. von der linken Gehirnhälfte spreche, nehme ich daher Bezug auf das analytische, sequentielle Denken. Die rechte Gehirnhälfte steht für das kreative, fantasievolle, räumliche, bildhafte Denken. Für ein optimales Lesen und Lernen müssen die Fertigkeiten beider Gehirnhälften kombiniert werden. Nur dann werden Sie Ihr volles Potential bei der Aufnahme von Informationen ausschöpfen. Nur dann wird Ihr Lesen den größten Nutzen bringen.

Richten Sie Ihren Blick einmal weg vom Buch in Ihre Umgebung. Realisieren Sie, wie viele Informationen Ihr Gehirn in einer Sekunde erhält. Der visuelle Kanal vermittelt Ihrem Gehirn die meisten Informationen. Sie können unter anderem über eine Million Farben unterscheiden. Blicken Sie nun bitte wieder in Ihr Buch. Es ist eine gewaltige Umstellung für Ihr Gehirn, nur ein Wort nach dem anderen vorgesetzt zu bekommen. Kein Computer wird jemals die komplexen Denkvorgänge Ihres Gehirns simulieren können, und dennoch füttern wir unser Gehirn mit nur einem Wort nach dem anderen. Viele Lesesäle in Bibliotheken gleichen daher eher Schlafsälen. Gerne lässt man sich während des Lesens durch einen Blick aus dem Fenster ablenken. Es ist ein Hauptanliegen dieses Buches, diesen mächtigen visuellen Kanal gezielt in den Leseprozess einzubeziehen.

III. Der Blick auf die Gipfelstürmer

Um sicherzugehen, dass das eigene Training zum Erfolg führt, müssen Sie nach Menschen Ausschau halten, die die entsprechende Fähigkeit perfekt beherrschen, um diese genau zu analysieren. Meistens wird man Ihnen nicht genau erklären können, wie Sie eine komplexe Tätigkeit in ihre Einzelteile zerlegen, schrittweise üben und anschließend wieder zusammensetzen können. Menschen, die eine Tätigkeit bereits perfektioniert haben, befinden sich vielmehr auf der Stufe der unbewussten Kompetenz.

Die Stufe der unbewussten Kompetenz

Beim Erlernen einer Fähigkeit durchlaufen Sie immer folgende vier Phasen:

Nehmen wir als Beispiel das Auto fahren. Als Neugeborener können Sie noch kein Auto steuern. Diese Unfähigkeit ist Ihnen aber noch nicht bewusst. Ein angenehmer Zustand. Man spricht von unbewusster Inkompetenz. Während Sie älter werden, realisieren Sie, dass andere Auto fahren können, Sie aber nicht.

4. unbewusste Kompetenz

3. bewusste Kompetenz

2. bewusste Inkompetenz

1. unbewusste Inkompetenz

Ihre Inkompetenz wird Ihnen bewusst. Sie haben die Stufe der bewussten Inkompetenz erreicht. Sofern Sie diesen Zustand als unangenehm empfinden, werden Sie versuchen, daran etwas zu ändern. Vielleicht unternehmen Sie Ihre ersten Fahrversuche im Wald oder Sie warten noch einige Jahre auf die Fahrschule.

Durch dieses Training wechseln Sie auf die Stufe der bewussten Kompetenz. Sie können nun Auto fahren, doch laufen Ihre Bewegungsabläufe noch sehr bewusst ab. Sie müssen sich genau auf das motorische Zusammenspiel von Hand und Fuß beim Schalten der Gänge konzentrieren. Auch die Reihenfolge der Gänge, verkehrsbedingte Stopps und kurvenreiche Strecken werden Ihre volle Aufmerksamkeit fordern. Ihr gesamter Arbeitsspeicher ist mit der Technik des Autofahrens ausgefüllt. Sie haben kaum Ressourcen frei, um auf das Radioprogramm zu achten, sich angeregt mit Ihrem Beifahrer zu unterhalten oder in Gedanken Ihren Tag vorauszuplanen. Mit der Zeit werden Sie Ihren Pegel jedoch schrittweise immer mehr von der bewussten in Richtung unbewusster Kompetenz verschieben. Der Blick in den Rückspiegel und das Blinken fallen mit der Zeit vielleicht weg. Aber das Kuppeln und Schalten oder das Anfahren und Stoppen laufen bald automatisch ab. Sie müssen auf diese Abläufe keine bewusste Aufmerksamkeit mehr richten. Ihr Arbeitsspeicher wird durch diese Routine nicht mehr belastet. Sie haben nun genügend Ressourcen frei, um zum Beispiel auf die Landschaft zu achten.

Es sollte Ihr Ziel sein, diese Stufe der unbewussten Kompetenz in möglichst vielen Gebieten zu erreichen. Klavier spielen macht auch erst auf der Stufe der unbewussten Kompetenz richtig Freude. Wenn die Finger automatisch auf die richtigen Tasten fallen, ohne dass man sich darüber bewusst Gedanken machen muss. Erst dann kann man eine Tätigkeit wirklich genießen. Erst dann wird man sich bei einer Tätigkeit wirklich entspannen.

Ziel dieses Buches ist es, Sie im Bereich des Lesens auf diese Stufe der unbewussten Kompetenz zu führen, damit Sie alle Vorteile des Lesens genießen können, ohne sich bewusst auf die Technik des Lesens konzentrieren zu müssen. Sie können Ihre volle Konzentration auf die Inhalte des Textes richten.

Jemand der beispielsweise schon seit dem zweiten Lebensjahr auf Skiern steht, wird Ihnen nicht unbedingt schrittweise erklären können, wie Sie Ihre Haltung verändern und Ihr Gewicht verlagern müssen, um einen Hang in schönen Schwüngen hinunter zu fahren. Personen, die eine Tätigkeit perfekt beherrschen, sind oftmals nicht die besten Trainer. Hierfür bedarf es gewisser anderer Fähigkeiten. Nick Bollettieri, der unter anderem Andre Agassi trainierte, wurde vorgeworfen, dass er selbst nicht gut genug Tennis spielen könne. In der Tat mussten für bestimmte Trainingseinheiten Sparringspartner eingesetzt werden. Dennoch besteht kein Zweifel daran, dass Nick Bollettieri zu den besten Trainern weltweit gehörte und vielleicht immer noch gehört.

Im Bereich des Lesens wurden bereits mehrfach die besten Leser analysiert, um hinter das Geheimnis ihres Erfolges zu kommen. Insbesondere in den 50er Jahren wurde in den USA eine groß angelegte Studie durchgeführt. Die winzige Gruppe von Lesern, die mit über 1500 Wörter pro Minute lesen konnte und dabei ein hervorragendes Textverständnis hatte, wurde genau unter die Lupe genommen.

Auffällig waren die Unterschiede hinsichtlich der Augenbewegungen. Bei langsamen Lesern, die unter 300 Wörter pro Minute und mit meist schlechtem Verständnis lasen, sahen die Augenbewegungen, wie bereits beschrieben, folgendermaßen aus:

Leser, die mit gutem Verständnis schneller lesen konnten, benötigten weniger Blicksprünge pro Zeile. Leser, die mit Geschwindigkeiten von über 800 wpm über den Text gingen, benötigten je nach Zeilenlänge höchstens zwei oder drei Fixationen pro Zeile.

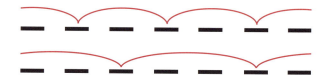

Es werden auf diese Weise sinntragende Bedeutungseinheiten und nicht nur einzelne isolierte Wörter aufgenommen. Dies führt bei entsprechender Lesefähigkeit zu einer Verbesserung des Verständnisses. Das Gehirn erhält auf diese Weise genügend Informationen und kann zeitnah Bilder erstellen, wodurch sich die Konzentration beim Lesen verbessert. Man erhält keine Gelegenheit mehr zum Abschweifen.

Die Grenze für die erreichbare Lesegeschwindigkeit verschiebt sich entsprechend. Lag diese Grenze beim „Wort für Wort Lesen" im Schnitt bei 240 wpm, verschiebt sie sich auf 480 wpm, sobald man zwei Wörter auf einmal aufnehmen und verarbeiten kann und auf über 700 wpm, sobald dies auch mit drei Worten problemlos gelingt. Verstehen Sie diese Rechengrößen nicht falsch. Es sind vereinfachte Werte, die Ihnen ein Verständnis für die unterschiedlichen Lesegeschwindigkeiten geben sollen. Es ist selbstverständlich nicht entscheidend, dass Sie ein Buch mit einer bestimmten Anzahl von Wörtern pro Minute lesen. Lediglich Ihr Leseziel und Ihr Verständnis stehen im Vordergrund. Dafür können Sie in der Zukunft eine große Bandbreite von Lesegeschwindigkeiten einsetzen. Ein langsamer Leser hat diese Freiheit nicht. Ihm steht nur eine Lesegeschwindigkeit zur Verfügung, eine langsame.

Bei Lesern, die mit über 1500 wpm und sogar über 2000 wpm lesen, sieht die Augenbewegung nochmals anders aus. Sie haben nicht nur die Fähigkeit in mehreren Zeilen zu lesen, sondern nutzen auch den Rückwärtsschwung.

Der Blick auf die Gipfelstürmer

Bei genauer Betrachtung stellt das Rückwärtslesen kein Problem dar. Hat man die Stufe erreicht, auf der man Bedeutungseinheiten anstatt nur einzelne Wörter aufnehmen kann, ist die Reihenfolge nicht mehr entscheidend. Es ist vielmehr auch eine Frage des Schreibstils des Autors, wie er diese Einheiten anordnet. In welcher Reihenfolge Sie zum Beispiel die beiden Bedeutungseinheiten „Ich lese ein Buch" und „in unserem Garten" aufnehmen, macht für das Verständnis keinen großen Unterschied.

„Ich lese ein Buch - in unserem Garten."
„In unserem Garten – ich lese ein Buch."

Solange man sich jedoch noch im „Wort für Wort Lesen" befindet, stellt das Rückwärtslesen in der Tat ein Problem dar.

„Garten – unserem – in – Buch – ein – lese – ich"

Bleibt noch zu klären, wie diese Leser Bedeutungseinheiten aus verschiedenen Zeilen, die in dieser Reihenfolge nicht zusammengehören, in ihrem Kopf richtig zusammensetzen können und ein gutes Verständnis des Textes erhalten. Gehen wir dazu wieder einen Schritt zurück zum „Wort für Wort Lesen". Versuchen Sie folgenden Text zu verstehen.

Afugrnud enier Sduite an enier elingshcen Unvirestiät ist es eagl, in wlehcer Rienhnelfoge die Bcuhtsbaen in eniem Wrot sethen, das enizig wcihitge dbaei ist, dsas der estre und lzete Bcuhtsbae am rcihgiten Paltz snid. Der Rset knan ttolaer Bölsdinn sien, und Sie könenn es torztedm ohne Porbelme lseen. Das ghet dseahlb, wiel wir nchit Bcuhtsbae für Bcuhtsbae enizlen lseen, snodren Wröetr als Gnaezs.

Sie können diesen Text verstehen, weil Sie in Ihrem Leseprozess bereits so weit fortgeschritten sind, dass Sie ganze Wörter auf einmal erfassen. Die Anordnung der einzelnen Buchstaben ist dann nicht mehr entscheidend, solange der äußere Rahmen stimmt. Wären Sie nicht in der Lage, ganze Wörter mit einem Blick aufzunehmen, sondern würden Sie immer noch, wie zu Beginn Ihrer Lesekarriere in der Grundschule, Buchstabe für Buchstabe fixieren, könnten Sie diesen Text nicht verstehen.

Genauso müssen Sie sich ein Lesen in mehreren Zeilen vorstellen. Sobald Sie sich vom „Wort für Wort Lesen" entfernt haben und nach Bedeutungseinheiten innerhalb eines Absatzes lesen, fällt es Ihnen immer leichter, die Einheiten auch außerhalb der vom Autor vorgegebenen Reihenfolge zusammenzusetzen und zu verstehen. Alles eine Frage der Übung.

Konzentrieren wir uns jedoch zunächst auf die Verbesserung des zeilenweisen Lesens. Wir werden uns von einzelnen Wörtern lösen und die Fähigkeit entwickeln, zuerst zwei Wörter und im nächsten Schritt zumindest drei Wörter auf einmal aufnehmen und in Verständnis umsetzen zu können. Erst wenn es uns möglich ist, Texte ohne Probleme mit über 700 Wörtern pro Minute zu verstehen, ist es an der Zeit, sich mit einem verständnisvollen Lesen in mehreren Zeilen zu beschäftigen.

IV. Der Blick ins Tal

Bevor wir endgültig aufbrechen, blicken wir noch einmal auf den Weg zurück, den wir bereits hinter uns gebracht haben. Sie haben in der Schule nicht direkt mit dem „Wort für Wort Lesen" begonnen. Nicht einmal ganze Buchstaben haben Sie mit einem Blicksprung aufgenommen. Der Buchstabe W stellte sich für Sie am Anfang vielmehr als ein Gebilde aus vier schrägen Strichen dar. Das Wort „WAND" erschien Ihnen zunächst als eine Ansammlung einzelner Striche.

\ / \ / / — \ | \ | | |>

Mit der Zeit haben Sie ganze Buchstaben auf einmal wahrnehmen können. Die Lesegeschwindigkeit war sehr gering, und ein Verständnis des Gesamtzusammenhangs praktisch unmöglich. Anschließend haben Sie sich auf Silben vorgearbeitet, die Sie mit einem Blicksprung und einer Fixation aufnehmen konnten. Mancher langsame Leser hat immer noch die Angewohnheit, längere Wörter in zwei Blicksprüngen aufzunehmen. Geschwindigkeit und Verständnis leiden darunter. Versuchen Sie einmal nach Silben zu lesen. Es wird Ihnen schwer fallen, den Text zu verstehen.

Und schließlich waren Sie in der Lage, ganze Wörter mit einem Blick aufzunehmen. Für viele Leser ist das der Ausgangspunkt auf unserem Weg zum Gipfel. Glückwunsch an die Leser, die in ihrer Lesefähigkeit bereits eine Stufe weiter sind und mehrere Wörter auf einmal verarbeiten können. Aber auch sie werden erkannt haben, dass noch erhebliche Verbesserungen möglich sind. Brechen wir auf.

Punkte, die Sie in Erinnerung behalten sollten:

➲ Lesegeschwindigkeiten werden in Wörtern pro Minute ausgedrückt. Diese Messgröße dient nur als Gradmesser für Ihren persönlichen Fortschritt. Sie ist nicht als Vergleichsmaßstab mit anderen Personen geeignet.

➲ Ihr Textverständnis können Sie kontrollieren, indem Sie versuchen, den Text in eigenen Worten wiederzugeben.

➲ Ein Lesen „Wort für Wort" schränkt Sie in Ihrer Lesegeschwindigkeit ein. Es erschwert das Verständnis und die Konzentration beim Lesen.

➲ Ein guter Leser liest nach Bedeutungseinheiten. Herausragende Leser lesen sogar in mehreren Zeilen gleichzeitig und nutzen den Rückwärtsschwung der Augen.

3

Der Aufstieg zum Gipfel

Der Aufstieg zum Gipfel

Die notwendigen Vorbereitungen wurden getroffen. Der Aufstieg beginnt. Wir beschäftigen uns nacheinander mit den verschiedenen Kompetenzen beim Lesen. Zunächst befassen wir uns mit der Steigerung der Lesegeschwindigkeit. Anschließend lernen wir weitere Möglichkeiten kennen, unser Textverständnis und unsere Konzentration zu verbessern. Schließlich wenden wir uns der Erinnerung beim Lesen zu.

Steigern Sie

- Ihre Lesegeschwindigkeit

- Ihre Konzentration

- Ihr Verständnis

- Ihre Erinnerung

Steigern Sie Ihre Lesegeschwindigkeit

Fragen,

die Sie im Hinterkopf behalten sollten:

- ➲ Wie kann ich meinen Augen eine Führung geben?

- ➲ Muss ich den gesamten Text innerlich mitsprechen?

- ➲ Welche Übungen gibt es, meine Lesefähigkeiten möglichst schnell zu verbessern?

- ➲ Wie sieht mein optimaler Trainingsplan aus?

- ➲ Wie erweitere ich meine Blickspanne?

- ➲ Wie lese ich auch ohne Lesehilfe schnell und effektiv?

- ➲ Wie stoße ich zu den besten Lesern der Welt auf?

- ➲ Wie lese ich Bücher der Weltliteratur?

I. Steigern Sie Ihre Lesegeschwindigkeit

Die Steigerung der Lesegeschwindigkeit ist eine Möglichkeit, das Verständnis zu erhöhen. Es ist unser Ziel mit einer Fixation nicht mehr nur einzelne Wörter aufzunehmen, sondern Bedeutungseinheiten. Dazu müssen Sie die Bewegung Ihrer Augen beim Lesen verändern. Das Problem ist, dass uns die Bewegungen unserer Augen selten bewusst sind und wir diese kaum kontrollieren können. Jedoch sind disziplinierte Augenbewegungen eine der Hauptvoraussetzungen für effektives Lesen.

Für die folgende Übung benötigen Sie erneut einen Übungspartner. Sollte sich derzeit niemand in Ihrer Nähe befinden, so holen Sie die Übung bei der nächsten Gelegenheit nach.

> Setzen Sie sich Ihrem Partner mit etwas Abstand gegenüber, so dass sie sich in die Augen blicken können. Fordern Sie Ihr Gegenüber auf, mit seinen Augen einen Kreis in die Luft zu malen. Sie beobachten dabei nur, wie gut Ihrem Partner das gelingt. Anschließend tauschen Sie die Rollen. Sie versuchen, mit Ihren Augen einem imaginären Kreis zu folgen und Ihr Übungspartner beobachtet diesen Versuch. Lassen Sie Ihren Übungspartner anschließend nicht zu lange aus den Augen, da diese Übung fortgesetzt wird.

Hatten die Augenbewegungen Ähnlichkeit mit einem Kreis? Wahrscheinlich nicht. Das Auge hat sich vielmehr im Zick-Zack durch den Raum bewegt. Dem Auge ist es ohne Hilfe nicht möglich, einem Kreis, einem Viereck oder einer Zeile in einem Buch zu folgen. Wahrscheinlich hätten Sie nicht gedacht, dass Ihr eigener Versuch ebenfalls so ungelenk aussieht. Während Sie das Gefühl haben, dass Ihre Augen sich gleichmäßig an der Zeile entlang bewegen, springen sie oftmals zwischen einzelnen Zeilen umher, teilweise auch über die gesamte Seite. Setzen wir unsere Übung nun fort.

> **Übung**
>
> Im zweiten Durchgang malen Sie mit Ihrem Finger vor den Augen Ihres Partners einen Kreis in die Luft. Ihr Übungspartner versucht, Ihrer Bewegung mit seinen Augen zu folgen. Beobachten Sie diese Augenbewegung. Anschließend tauschen Sie die Rollen.

Konnten Sie im Vergleich zum ersten Durchgang Unterschiede feststellen? Die Augenbewegungen werden in diesem Durchgang sehr genau wie ein Kreis aussehen. Erhalten die Augen eine Führung, können diese jeder beliebigen Form folgen. Sie können die Augen auf diese Weise der Form eines Kreises, eines Vierecks oder der Zeile in einem Buch folgen lassen. Die Augen werden nicht mehr unkontrolliert im Raum umherspringen, sondern den gewünschten Weg einschlagen.

Wie unser Gehirn, so haben auch unsere Augen und alle anderen Sinnesorgane einzig und allein die Aufgabe, unser Überleben zu sichern. Die spezielle Aufgabe der Augen besteht darin, auf Bewegungen zu achten. Wo Bewegung ist, droht meistens Gefahr. Ob dies in früheren Zeiten der Säbelzahntiger war, der aus dem Dickicht sprang oder ob dies in heutiger Zeit Autos oder Straßenbahnen sind. Blitzschnell springen die Augen zur Bewegung. Wenn Ihnen in der Umgebung jemand zuwinkt, werden Sie diese Bewegung selbst aus den Augenwinkeln wahrnehmen und fokussieren.

Ihr Überlebensinstinkt

Auch Ihre übrigen Sinnesorgane erfüllen Funktionen, um Ihr Überleben zu sichern. Über Ihre Ohren nehmen Sie zum Beispiel ein Knacken in einem Busch hinter Ihnen wahr. Sie können Ihren Kopf nun schnell in diese Richtung drehen und Ihre Augen auf die Bewegung richten. Nehmen wir an, Sie sehen aus dem Busch ein wildes, gefährliches Tier springen. Dies leiten Ihre Augen an Ihr Gehirn weiter. In Ihrem Gehirn befindet sich eine Vermittlungsstelle: ihr limbisches Gehirn. Registriert dieser Teil Ihres Gehirns eine Bedrohung, die Ihr Überleben gefährden könnte, so schaltet das limbische Gehirn automatisch Ihr Stammhirn ein. Dieser Teil des Gehirns wird auch Reptiliengehirn genannt, da wir es mit niederen Wirbeltieren, wie Schildkröten oder Echsen gemein haben. In diesem Teil des Gehirns sind Ihre Instinkte angesiedelt, wie zum Beispiel den Arm zum Schutz heben. Unter Umgehung des bewussten Denkens schalten Sie auf diese Weise automatisch auf Kampf oder Flucht.

Anders stellt sich die Situation für Ihr limbisches System dar, wenn aus dem Busch statt eines gefährlichen Tieres lediglich eine Schildkröte auftaucht. Diese Vermittlungsstelle wird nun Ihr Großhirn einschalten, auch Neocortex genannt. Sie können diese Erfahrung bewusst verarbeiten, während Ihre Augen bereits nach weiteren Bewegungen Ausschau halten.

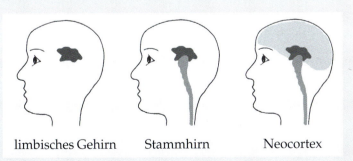

limbisches Gehirn   Stammhirn   Neocortex

> Der Neocortex ist der Teil unseres Gehirns, der uns Menschen vom Tier unterscheidet. Hier ist unsere Denk- und Argumentationsfähigkeit angesiedelt. Beim Lesen benötigen wir Zugriff auf diesen Bereich des Gehirns, um die neuen Informationen verarbeiten zu können. Im Laufe dieses Buches lernen Sie Möglichkeiten kennen, Ihrem limbischen Gehirn die Weitergabe der Informationen an den Neocortex zu erleichtern.
>
> Vor allem wenn Sie lernen, müssen Sie diese Überlebensmechanismen Ihres Gehirns im Auge behalten. Solange Sie Ihr Lernverhalten an diesen lernbiologischen Naturgesetzen ausrichten, lernen Sie mühelos. Andernfalls schwimmen Sie mit Ihren Lernbemühungen ständig gewissermaßen gegen den Strom. In diesem Buch interessieren uns hauptsächlich die Vorgänge des Leseprozesses. In meinem Buch „Garantiert erfolgreich lernen" werden die grundlegenden Prinzipien für den gesamten Bereich des Lernens aufgegriffen.

Wie bereits erwähnt, sind Ihre Augen nicht dafür „gebaut", unbewegten Zeilen zu folgen. Das Lesen eines Buches ist keine natürliche Aufgabe. Sie müssen sich und Ihre Augen dazu zwingen. Die Abschweifungen der Augen nennt man Regressionen. Vor allem die unbewussten Regressionen, die Sie nicht unter Kontrolle haben, verlangsamen Ihr Lesetempo und schaden Ihrem Verständnis. Sie müssen nach diesen Regressionen immer wieder in den Text zurückfinden. Schlechte Leser springen häufig aber auch bewusst zu früheren Zeilen oder Wörtern zurück. Diese Regressionen sind in der Vielzahl der Fälle ein Zeichen für mangelndes Vertrauen in die eigene Lesefähigkeit. Zum Teil laufen diese Regressionen automatisch ab, da diese Rückblicke, zumindest zum Zeitpunkt als man das Lesen erlernt hat, ein probates Mittel gewesen sind, um sich der Inhalte eines Textes zu vergewissern. Kann man aber bereits lesen, sind diese Rücksprünge nicht das beste Mittel der Wahl, sein Verständnis zu verbessern.

Zudem fällt es den Augen nicht leicht, den Anfang der neuen Zeile zu finden. Untersuchungen im Labor haben ergeben, dass wir bis zu einem Drittel der Lesezeit dafür verwenden, die neue Zeile in einem Text zu finden. Bei drei Stunden Lesezeit verbringen wir folglich eine Stunde damit, die neue Zeile zu suchen. Dennoch lesen wir gelegentlich Zeilen doppelt oder überspringen aus Versehen eine Zeile. Kostbare Zeit geht verloren, wodurch unser Lesen verlangsamt und das Verständnis erschwert wird. Hilfreich wäre es, wenn jeweils der erste Buchstabe der nächsten Zeile winken würde. Dann würde es leicht fallen, blitzschnell zum Anfang der nächsten Zeile zu springen.

Bewegung ist aber nicht nur für effektive Augenbewegungen eine unerlässliche Voraussetzung, sondern auch für Ihre Konzentration. Wo Bewegung ist, ist immer auch Ihre Konzentration. Dies ist ebenfalls ein biologisches Naturgesetz zur Sicherung des Überlebens. Nehmen wir an, Sie befinden sich auf einer Dschungelsafari. Auf Ihrem Weg durch den Urwald nähern Sie sich einer gefährlichen Giftschlange, die gut getarnt in einem Busch hängt, bedrohlich nahe. Sobald Sie der Schlange zu nahe kommen und diese sich bewegt, können Sie sie blitzschnell abwehren. Ihre ganze Aufmerksamkeit ist dafür auf die Bewegung ausgerichtet.

Einige meiner Kommilitonen wussten nach einem Arbeitstag in der Bibliothek viel besser darüber Bescheid, wer wann gekommen ist, was angehabt hat, wann welches Buch aus den Regalen genommen hat und wie oft und wann zur Kaffeepause verschwunden ist, als darüber, was in ihrem Buch stand. Verständlicherweise, denn in dem Buch spielt sich keine Bewegung ab. Man muss sich immer wieder dazu zwingen, seine Aufmerksamkeit in das unbewegte Buch zu richten. Dies ist sehr mühsam und widerspricht dem Überlebenssinn unseres Gehirns.

Vielleicht ist Ihnen folgende Situation vertraut. Sie sind bei Freunden eingeladen. Obwohl der Fernseher läuft, nehmen Sie sich vor, diesem keine Beachtung zu schenken, sondern sich vielmehr ausschließlich zu unterhalten. Jedoch müssen Sie feststellen, dass Ihre Aufmerksamkeit immer wieder Richtung Fernseher wandert, ob Sie wollen oder nicht. Dieser Überlebensmechanismus ist in Ihren Genen verankert.

Der Aufstieg zum Gipfel

Ihr persönlicher Bergführer

Diese Überlegungen müssen wir nun für den Leseprozess nutzbar machen. Die Lösung wird Ihnen nur allzu vertraut erscheinen. Wie würden Sie vorgehen, wenn Sie die Zeilen eines Buches auf einer Seite zählen müssten? Würden Sie die Zeilen nur mit den Augen abfahren? Wohl kaum. Zum einen wäre dies ein mühsames Unterfangen. Zum anderen könnten Sie nicht sicher sein, auf das richtige Ergebnis zu kommen oder Zeilen möglicherweise doppelt gezählt bzw. ausgelassen zu haben. Mit Sicherheit würden Sie daher einen Stift oder Ihren Finger zu Hilfe nehmen.

Den intuitiven Griff zu einer Lesehilfe kann man auch bei Kindern beobachten. Kinder sind vor dem Eintritt in die Schule dem Zustand des optimalen Lernens sehr nahe. Intuitiv würde ein Kind seinen Finger einsetzen, um den Zeilen eines Buches zu folgen. Unabhängig davon, ob dieses Kind bereits lesen kann oder einfach nur versucht, mit den Augen den Zeilen zu folgen. Es erscheint unverständlich, wie die Augen andernfalls den Zeilen folgen sollten. Hier werden nun meistens die Eltern aktiv und versuchen den Einsatz der Hand zu unterbinden, da dieser das Lesen angeblich verlangsamt. Ein großer Irrtum. Denn genau das Gegenteil ist der Fall. Durch den Einsatz einer Lesehilfe wird das Lesen erheblich beschleunigt. Ist man der Ansicht, dass jemand mit Hilfe seines Fingers zu langsam liest, muss man ihn lediglich auffordern, diesen schneller zu bewegen.

Der Einsatz einer Lesehilfe ist auch unser Einstieg in das Lesetraining. Auf diese Weise werden wir unsere Augen trainieren, in Zukunft in disziplinierten Sprüngen über den Text zu gehen. Effektives Lesen hängt von effektiven Augenbewegungen ab.

Führen Sie daher in den folgenden Trainingseinheiten Ihre Augen mit einem Stift als Lesehilfe über die Zeilen. Ich empfinde es am angenehmsten, wenn ich den Stift zwischen Zeige- und Mittelfinger halte. Da ich wichtige Stellen während des Lesens mit Strichen am Rand markiere und wichtige Schlüsselwörter unterstreiche, verwende ich am liebsten einen Bleistift. Um das Buch nicht mit dem Stift zu berühren, fahre ich nur mit den drei Fingern (Mittelfinger bis kleiner Finger) über die Seite. Wichtig ist allein, dass Sie eine Haltung finden, mit der Sie sich wohl fühlen.

> **Übung**
>
> Beginnen Sie nun damit, einige Seiten in diesem Buch mit einem Stift als Lesehilfe zu lesen. Bewegen Sie Ihre neue Lesehilfe nur so schnell, wie Sie dem Text mit Verständnis folgen können. Machen Sie sich keine Gedanken über Ihre Augen-Hand-Koordination. Zu Beginn werden Sie zeitweise das Gefühl haben, dass Auge und Hand sich an verschiedenen Stellen des Textes befinden. Fahren Sie einfach fort. Geben Sie den Augen mit Ihrer Lesehilfe eine Führung vor. Die Koordination wird sich automatisch verbessern. Ihre Augen werden sich dem Rhythmus Ihrer Lesehilfe immer mehr anpassen.

Es wird einige Minuten dauern, bis Sie auf diese Weise mit gutem Verständnis lesen können. Ihr Gehirn ist zunächst verwirrt, da Sie auf diese Weise noch nicht gelesen haben. Sie müssen sich in den ersten Minuten auf die Bewegung und auf den Text konzentrieren. Diese Verwirrung wird sich schnell auflösen. Nach ein paar Seiten werden Sie die Bewegung nicht mehr beachten. Das Lesen mit Lesehilfe ist zu einer unbewussten Kompetenz geworden. Es läuft im Hintergrund ab, ohne dass es Ihren Arbeitsspeicher belastet. Ab diesem Zeitpunkt wird Ihre gesamte Konzentration wieder auf den Text gerichtet sein.

Sie werden sogar eine erheblich verbesserte Konzentration während des Lesens bemerken. Dies ist ein natürlicher Mechanismus. Dort wo Bewegung ist, ist Konzentration. Es wird Ihnen viel schwerer fallen, sich ablenken zu lassen. Nach der Eingewöhnungszeit werden Sie dem Text daher mit erhöhter Aufmerksamkeit und einem besseren Verständnis folgen. Zudem werden Sie einen Zuwachs in Ihrer Lesegeschwindigkeit verzeichnen können. Denn die Augen springen nicht mehr planlos auf der Seite umher, sondern werden zielgerichtet über die Zeilen geführt. Die Regressionen der Augen werden abgestellt. Sie benötigen nicht mehr ein Drittel der Zeit, um den Anfang der nächsten Zeile zu finden, sondern können Ihre Augen schnell an diesen Punkt führen. Auf diese Weise erhalten Sie in kürzerer Zeit einen besseren Überblick über den Text. Dies ist für das Verständnis von entscheidender Bedeutung. Durch die Führung der Augen nehmen Sie zudem eine aktive Lesehaltung ein. Sie geraten nicht mehr so leicht in einen passiven Lesetrott, denn Sie treiben sich gewissermaßen selbst an. Das hat große Auswirkungen auf Ihre Aktivität und Wachheit beim Lesen. Zudem setzen Sie durch diese Bewegung Ihren kinästhetischen Lernkanal ein. Wie wir noch sehen, ist das Lesen umso effektiver, umso mehr Lernkanäle Sie miteinander kombinieren. Zudem aktivieren Sie durch den ständigen Rhythmus Ihrer Handbewegung diejenigen Zentren in Ihrem Gehirn, die für das rechtshirnige Denken zuständig sind. Dies verbessert Ihre Fähigkeit, den Text ganzheitlich zu verarbeiten.

Natürlich gibt es auch andere Möglichkeiten, Ihre Augen über den Text zu führen. Vielleicht fühlen Sie sich wohler, wenn Sie Ihren Finger als Lesehilfe einsetzen. Am einfachsten ist es, die Zeilen mit dem Zeigefinger abzufahren. Natürlich fahren Sie mit Ihrem Finger unterhalb der Zeile entlang und nicht auf der Zeile. Sonst sehen Sie nichts.

Sofern ich einen Text ohne Stift und mit der Hand lese, bevorzuge ich es, die Augen mit einer leicht gewölbten Hand über den Text zu führen. Am Anfang wird es Ihnen helfen, sich auf die Stelle über Ihrem Mittelfinger zu konzentrieren.

Selbstverständlich ist der Einsatz einer Lesehilfe nur zu Beginn und vor allem für die Trainingszeiten erforderlich. Halten Sie sich das Ziel vor Augen. Gute Leser springen mit disziplinierten Augenbewegungen über die Seite eines Textes. Diese Leser benötigen dafür nicht mehr die Führung einer Lesehilfe. Ich lese meistens ohne Lesehilfe, vor allem wenn ich mich dabei entspannt zurücklehnen möchte. Die Fähigkeiten, die Sie sich in den nächsten Tagen erarbeiten, nämlich die Vergrößerung Ihrer Blickspanne, die angemessene Verkürzung der Fixationszeiten und die Disziplinierung Ihrer Augenbewegungen bleiben Ihnen auch ohne Lesehilfe erhalten. Natürlich nehmen die Regressionen der Augen ohne Führung wieder etwas zu. Auch wird es schwerer fallen, die Konzentration auf das Buch zu richten, da die Bewegung fehlt.

Ich stelle daher häufig fest, dass ich auch beim Lesen ohne Lesehilfe von Zeit zu Zeit intuitiv meine Hand einsetze, vor allem an Stellen, die besonders schwierig sind oder wenn die Konzentration etwas nachlässt. Ähnlich einem Karren, den man anschiebt und dem man, wenn er langsamer wird, einen neuen Schub versetzt. Diese Bewegung wird aber bald anders aussehen als zu Beginn. Man fährt nicht mehr die gesamte Zeile ab, sondern führt die Hand mit etwas Abstand vom Text über die Mitte der Seite. Denn man ist nun in der Lage, seine Blickspanne optimal einzusetzen. Zu Beginn Ihres Lesetrainings ist es jedoch wichtig, die gesamte Zeile vom Anfang bis zum Ende mit Ihrer Lesehilfe abzufahren. Lesen Sie die nächsten Tage möglichst jeden Text mit Lesehilfe, damit Sie sich schnell daran gewöhnen. Auch dieses Buch sollten Sie zu Übungszwecken von nun an ausschließlich mit Lesehilfe lesen.

> **Übung**
>
> Gehen Sie noch einmal an den Anfang dieses Buches zurück und lesen Sie einige Seiten mit Ihrer neuen Lesehilfe. Lesen Sie mindestens zehn Minuten auf diese neue Weise.

Für die folgenden Übungen benötigen Sie weitere Bücher. Sie sollten diese Bücher noch nicht kennen. Bestimmt steht in Ihrem Regal das ein oder andere interessante Buch, für das Sie noch keine Zeit hatten. Das Übungsbuch sollte aus möglichst viel fortlaufendem Text bestehen, so dass Sie bei Ihren Übungen nicht ständig durch Grafiken oder Bilder unterbrochen werden. Nehmen Sie dieses Buch nun für die folgende Übung zur Hand.

> **Übung**
>
> Lesen Sie mit Lesehilfe in Ihrem Übungsbuch für 1 Minute. Markieren Sie die Stelle, die Sie in 1 Minute erreicht haben. Versuchen Sie nun in höchstens 1 Minute, den Inhalt des gelesenen Textes in eigenen Worten wiederzugeben. Es ist ausreichend, wenn Sie den Text in eigenen Schlüsselworten und Stichpunkten zusammenfassen. Schreiben Sie nichts auf, sondern gehen Sie den Text nur in Gedanken durch. Bestimmen Sie Ihr Textverständnis in Prozent. Sicherlich bereitet Ihnen das zu diesem Zeitpunkt noch Schwierigkeiten. Jedoch ist das keine Ausrede. Es ist umso wichtiger, diese Fähigkeit zu trainieren.
>
> Gehen Sie nun an den Anfang des Textes zurück. Sie werden denselben Text nun ein weiteres Mal in 1 Minute lesen. Wenn Sie beim ersten Durchgang zu einzelnen Punkten nicht alle Details wiedergeben konnten, setzen Sie sich das Leseziel, genau diese Details beim nächsten Durchgang aufzunehmen. Sie kennen den Text bereits. Daher können Sie Ihre Lesegeschwindigkeit etwas

beschleunigen. Bewegen Sie dazu einfach Ihre Lesehilfe etwas schneller. Variieren Sie gezielt mit Ihrer Geschwindigkeit. Über Stellen, die Sie bereits nach dem ersten Durchgang wiedergeben konnten, können Sie schneller hinweggehen als über Stellen, die Ihnen nicht in Erinnerung geblieben sind. In einigen Tagen haben Sie ein sehr großes Spektrum an Lesegeschwindigkeiten, um Ihre Geschwindigkeit „an das Gelände anzupassen". Aber das Wichtigste ist, dass Sie wenigstens ein paar Zeilen weiter lesen als beim ersten Durchgang. Markieren Sie die Stelle, die Sie im zweiten Durchgang erreicht haben. Geben Sie das Gelesene anschließend ohne Blick in den Text in eigenen Stichpunkten wieder. Konnten Sie die fehlenden Details ergänzen? Wie viel Prozent beträgt Ihr Textverständnis nun?

Gehen Sie noch ein weiteres Mal an den Anfang des Textes zurück. Sofern Ihr Textverständnis nicht bereits bei 100 Prozent lag, müssen Sie Ihr Leseziel nun möglichst konkret fassen. Auf welche Punkte möchten Sie bei diesem dritten Durchgang ganz gezielt Ihre Aufmerksamkeit richten? Welche Steine fehlen Ihnen noch in Ihrem Mosaik? Lesen Sie nun denselben Text ein drittes Mal für 1 Minute. Hauptziel ist wiederum, wenigstens einige Zeilen weiter zu kommen als beim vorherigen Durchgang. Markieren Sie die Stelle, die Sie erreicht haben. Überprüfen Sie anschließend wieder, wie viel Sie vom Text aktiv wiedergeben können und bestimmen Sie Ihr jetziges Textverständnis.

Ist es Ihnen gelungen, die Markierung nach jedem Durchgang etwas nach hinten zu schieben? Wie hat sich Ihr Textverständnis entwickelt? Wahrscheinlich haben Sie bemerkt, dass es selbst nach drei Durchgängen nicht immer einfach ist, ein Textverständnis von 100 Prozent zu haben, und das obwohl die Leseeinheit mit 1 Minute sehr kurz bemessen war.

Nach jedem weiteren Durchgang konnten Sie mit Sicherheit einiges mehr wiedergeben. Es ist ein Irrglaube, dass das einmalige Lesen eines Buches ausreichend ist, um alles verstehen und erinnern zu können. Wie oft sind Sie bisher auf diese Weise vorgegangen und hatten keinen Erfolg? Ein guter Leser liest ein Buch daher in mehreren Durchgängen. Auch Sie sind dazu bald in der Lage, und das in einer viel kürzeren Zeit, als Sie früher ein einziger mühsamer Durchgang ohne gutes Verständnis gekostet hat. Davon handelt das Kapitel „Das Buch als Projekt".

> **Übung**
>
> Lesen Sie in Ihrem Übungsbuch für mindestens 10 Minuten mit Ihrer Lesehilfe. Wiederholen Sie diese Übung in den nächsten Tagen, damit der Einsatz der Lesehilfe zur unbewussten Kompetenz wird.

Die herrliche Stille

Die herrliche Stille in den Bergen können Sie beim Lesen wahrscheinlich nicht wiederfinden. Vielmehr werden Sie sich das Gelesene ständig leise in Ihrem Kopf vorsagen. Dieses innere Mitsprechen beim Lesen nennt man Subvokalisieren. Sie haben es sich zur Gewohnheit gemacht, dem visuellen Reiz, den Sie über Ihre Augen von den Wörtern erhalten, einen auditiven Reiz hinzuzufügen. Lesen ist die einzige visuelle Tätigkeit, bei der wir unsere Augen dazu nutzen, zu hören anstatt nur zu sehen. In den ersten Schuljahren ist diese Kombination sinnvoll. Wie hätte Ihre Lehrerin oder Ihr Lehrer ansonsten kontrollieren können, ob Sie die Wörter richtig entziffern und nicht aus einem Vogel einen Apfel machen. Das laute Lesen diente der Kontrolle Ihrer Fortschritte beim Erlernen des Lesens.

Irgendwann kam der Zeitpunkt, an dem Sie nicht mehr laut, sondern leise lesen sollten. Von nun an haben Sie die Wörter innerlich mitgesprochen. Dies ist eine enorme Beschränkung für Ihre Lesegeschwindigkeit. Sie begrenzen Ihre Lesegeschwindigkeit auf die Geschwindigkeit, mit der Sie sprechen können. Sie sollten jedoch so schnell lesen, wie Sie denken können. Die Bedeutungseinheit „Ein kleiner grüner Apfel" kann das Auge in einem Blick aufnehmen. Auch ist es Ihnen möglich, das Bild eines kleinen grünen Apfels im Bruchteil einer Sekunde entstehen zu lassen. Sie können diese vier Wörter jedoch nicht auf einmal aussprechen, sondern nur hintereinander.

Blicken wir wieder auf die von Natur aus guten Leser. Die unterschiedlichen Augenbewegungen kann man unmittelbar erkennen. Der Hauptunterschied, der diese Leser vom Durchschnittsleser abhebt, ist nicht so leicht auszumachen. Dieser liegt in der unterschiedlichen Verarbeitungsweise. Herausragende Leser müssen den Text nicht innerlich mitsprechen, um ihn zu verstehen. Diesen guten Lesern genügt der visuelle Reiz. Sie müssen nicht den Umweg über die auditiven Zentren Ihres Gehirns nehmen, um dem Text seinen Sinn zu entnehmen. Sie können ebenfalls einen Tisch sehen und begreifen, worum es sich handelt, ohne das Wort Tisch aussprechen zu müssen. Diese Fähigkeit müssen Sie nun auf Wörter übertragen.

Zwar ist der auditive Lernkanal, also das Hören, für den Lernprozess von großer Bedeutung, doch müssen Sie diesen Lernkanal beim Lesen mit Bedacht einsetzen. Wenn Sie einen Text vom ersten bis zum letzten Wort mit einem Textmarker gelb anstreichen, verkehrt sich der Vorteil des Markierens in sein Gegenteil. Auch das innerliche Mitsprechen müssen Sie gezielt dosieren. Ansonsten verstellen Sie sich den Blick auf das Wesentliche und erschweren sich die Erinnerung an den Text, da keine Akzente gesetzt werden. Zudem bestehen ca. 70 Prozent eines Textes aus immer denselben 400 Grundwörtern. Diese Wörter mitzusprechen, bringt keinen Vorteil für das Verständnis. Nehmen wir als Beispiel das Wort „und". An vielen Stellen könnte der Autor stattdessen auch ein Komma setzen. In diesem Fall würden Sie nicht innerlich „Komma" mitsprechen. Wenn Sie auf ein Fragezeichen stoßen, werden Sie dieses sehen und verstehen. Aber Sie müssen sich nicht innerlich „Fragezeichen" vorsagen. Dennoch ist es wichtig wahrzunehmen, ob es sich um ein Fragezeichen oder um ein Ausrufezeichen handelt.

Gute Leser, die nicht alles innerlich mitsprechen, setzen den auditiven Kanal gewinnbringend ein. Sie sprechen nur wichtige Schlüsselwörter innerlich mit, um diese hervorzuheben. Eine entscheidende Voraussetzung für die Erinnerung. Sie können sich auch nicht an jeden Tag des letzten Monats gleich gut erinnern. Die gewöhnlichen, alltäglichen Erfahrungen sind nicht mehr abrufbar. Auf besondere Ereignisse, die sich abheben, wie z.B. eine Geburtstagsfeier oder ein Wochenendausflug, haben Sie dagegen problemlos Zugriff. Nicht verwunderlich, dass Sie sich an die Inhalte eines Buches nicht erinnern können, wenn Sie alles in der gleichen Weise betonen.

Doch wie können Sie sich von diesem auditiven Lesen lösen, um den Weg zum visuellen Lesen einzuschlagen? Das Subvokalisieren ist zu einer jahrzehntelangen Gewohnheit geworden. Sie können dies nicht von heute auf morgen abstellen. Sie müssen das innerliche Mitsprechen zunächst akzeptieren. Durch die folgenden Übungen werden Sie es immer mehr abstellen, ohne sich bewusst anstrengen zu müssen. Jede bewusste Anstrengung wäre vergebens. Jeder Widerstand würde nur weiteren Widerstand erzeugen. Manche Dinge lassen sich nicht erzwingen, so zum Beispiel Entspannung oder das Einschlafen. Oder nehmen wir an, Sie fühlen sich durch Lärm gestört. Umso mehr inneren Widerstand Sie dagegen richten, desto belastender werden die Geräusche. Sobald Sie diese Dinge akzeptieren, wird sich vieles in Wohlgefallen auflösen. Ebenso verhält es sich mit dem Subvokalisieren. Vor allem Ihr limbisches Gehirn würde sich dagegen sträuben, diese Gewohnheit schlagartig aufzugeben. Werfen wir nun einen Blick auf das Training.

Ihre „inneren Ohrstöpsel"

Unser Ziel ist es, mehr auf den visuellen Kanal zu vertrauen und den auditiven schrittweise auszublenden, um ihn anschließend punktuell umso effektiver einsetzen zu können. Stellen Sie sich eine Person vor, die das Unglück traf, blind geboren zu werden. Sie wird auditiven Signalen mehr Informationen entnehmen als wir. Während wir mit geschlossenen Augen mitbekommen, dass eine Person den Raum betritt, würde ein blinder Mensch bereits eine Charakterbeschreibung vornehmen. Wir müssten für einige Tage eine Augenbinde tragen, um unseren auditiven Kanal zu stärken. Schrittweise würden wir Geräuschen immer mehr Informationen entnehmen.

Beim Visual Reading geht es aber darum, den visuellen Kanal zu stärken. Wir müssen daher gewissermaßen Ohrstöpsel tragen. Da es sich aber nicht um Geräusche von außen handelt, sondern um das innere Mitsprechen, müssen wir „innere" Ohrstöpsel verwenden. Das folgende Training entspricht genau diesen inneren Ohrstöpseln. Wir trainieren im Fortlauf dieses Kurses mit Geschwindigkeiten, bei denen Sie zwar alle Wörter sehen, aber nicht mehr alle mitsprechen können. Das ist die ideale Übungsgeschwindigkeit.

Von nun an müssen Sie genau zwischen dem Lesen zu Übungszwecken und dem normalen Lesen unterscheiden. Beim normalen Lesen lesen Sie immer nur so schnell, wie Sie das Ihrem Leseziel entsprechend optimale Verständnis haben. Während der Übungsphasen müssen Sie dagegen weit über diese Geschwindigkeit hinausgehen. Daher werden Sie am Anfang kaum etwas von dem verstehen, was Sie lesen. In meinen Seminaren gibt es immer wieder Teilnehmer, die dieser Schritt verwundert, obwohl er die Grundlage eines jeden Lernprozesses ist. Sie müssen Ihre Komfortzone verlassen, um Neues hinzuzulernen.

Ihre Komfortzone

Sie lernen immer nur dann hinzu, wenn Sie Ihre Komfortzone verlassen. Als Beispiel sei die körperliche Fitness genannt. Vielleicht entspricht es Ihrer Komfortzone, mit einem Bier und einer Tüte Chips auf dem Sofa vor dem Fernseher zu liegen. Möchten Sie fit werden, müssen Sie diese Komfortzone jedoch verlassen und zum Beispiel mit dem Joggen beginnen.

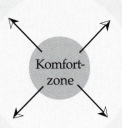

Das Verlassen der Komfortzone ist zunächst immer mit unangenehmen Gefühlen verbunden. Denn Ihr limbisches Gehirn sträubt sich gegen jede Veränderung, da Sie eine Bedrohung für das Überleben darstellen könnte. Ob Sie diesen Schritt dennoch gehen und diese Widerstände überwinden, hängt von Ihrer Motivation ab. Und Ihre Motivation hängt wiederum davon ab, welche Ziele Sie sich gesetzt haben. Sie werden Ihre Komfortzone trotz einiger Widerstände gerne verlassen, wenn lohnenswerte Ziele Sie anspornen. Jedes Verlassen Ihre Komfortzone hat den Vorteil, dass sie sich ausdehnt. Denn es entstehen neue Verknüpfungen zwischen Ihren Gehirnzellen. Darauf basiert das Lernen. Je mehr Verknüpfungen Sie zwischen Ihren Gehirnzellen gebildet haben, desto mehr Verhaltensweisen stehen Ihnen zur Verfügung.

> Nach einer gewissen Zeit wird das neue Verhalten innerhalb Ihrer neuen Komfortzone liegen. Nachdem Sie zwei Wochen jeden Tag zum Joggen gegangen sind, müssen Sie sich dazu nicht mehr überwinden. Es ist zu einer Gewohnheit geworden und liegt nunmehr innerhalb Ihrer Komfortzone.

Ziehen wir als Vergleich das Klavier spielen heran. Sie nehmen Ihre erste Übungsstunde und verlassen damit Ihre Komfortzone. Nach der ersten Einheit können Sie „Alle meine Entchen" spielen. Wenn Sie Ihr Leben lang immer nur dieses eine Lied spielen, entwickeln Sie sich nicht weiter. Sie müssen nun wiederum Ihre Komfortzone verlassen und sich an dem nächst schwierigeren Lied versuchen. Es wird Sie nicht verwundern, dass Sie dieses neue Stück noch nicht auf Anhieb beherrschen, ansonsten wäre es nicht das richtige Übungsstück. In diesem Bereich ist es selbstverständlich, dass Sie etwas tun, das Sie noch nicht können. Nur auf diese Weise entwickeln Sie sich weiter.

Dasselbe gilt für Ihr Lesetraining. Wenn Sie Ihr Leben lang immer nur so lesen wie bisher, werden Sie sich niemals verbessern. Sie müssen Ihre Komfortzone sehr weit verlassen, damit sie sich möglichst schnell und weit ausdehnt. Während des Trainings können Sie sich darüber freuen, dass neue Verknüpfungen zwischen Ihren Gehirnzellen gebildet werden. Dieser Mechanismus setzt immer dann ein, wenn die Komfortzone mit dem richtigen Training verlassen wird. Beim Lesen müssen wir dazu in Bereichen üben, die über 800 Wörter pro Minute liegen. Wichtig ist, dass Sie sich auf die Übungen einlassen. Denn der Gewinn, den Sie aus einer Übung ziehen, entspricht immer dem Einsatz, den Sie hineinlegen.

In meinen Seminaren verwende ich für das Training ein Metronom. In bestimmten Intervallen werden die Teilnehmer in hohe Lesegeschwindigkeiten und schrittweise wieder in langsamere Geschwindigkeiten geführt. Lesegeschwindigkeiten von 400 oder

500 Wörtern pro Minute erscheinen nach einem Training in höheren Bereichen auf einmal sehr langsam. Wenn ich das Metronom nach einem längeren Intervall schrittweise auf 600 Wörter pro Minute zurückdrehe und die Teilnehmer frage, wie schnell Sie diese Geschwindigkeit einschätzen, erhalte ich als Antwort meistens Geschwindigkeiten um die 300 Wörter, denn das Gehirn hat sich an die höheren Geschwindigkeiten angepasst. Es hat sich daran gewöhnt, dass die Augen in weniger Blicksprüngen über eine Zeile gehen und nun mehrere Wörter auf einmal aufnehmen.

> **Wissenswertes**
>
> **Der Autobahneffekt**
>
> Durch das Hochgeschwindigkeitstraining nutzen Sie den „Autobahneffekt". Testpersonen fuhren ungefähr eine Stunde mit 180 km/h auf der Autobahn. Anschließend verließen sie die Autobahn und der Tachometer wurde abgedeckt. Obwohl die Fahrer auf 50 km/h verlangsamen sollten, fuhren fast alle Testpersonen zwischen 80 und 120 km/h. Ihr Gehirn hatte sich an die hohe Geschwindigkeit angepasst und die Grenzen verschoben, denn die Wahrnehmung von Geschwindigkeit ist relativ. Was zunächst sehr schnell erscheint, wirkt auf einmal erschreckend langsam. Auch beim Lesen können Sie die Grenzen schnell und weit verschieben. Diesen Autobahneffekt nutzen wir für das Lesetraining.

Die Metronomübungen stehen uns in diesem Kurs nicht zur Verfügung. Den gleichen Effekt erzielen Sie aber mit den folgenden Übungen. Beginnen wir mit unserem Trainingsprogramm.

Die 3-2-1 Übung

Bei dieser Übung lesen Sie wiederum dreimal denselben Text.

Der erste Durchgang:

Nehmen Sie Ihr Übungsbuch zur Hand und wählen Sie einen neuen Textabschnitt. Lesen Sie genau 3 Minuten mit Lesehilfe. Unter *www.akademie-gruening.de/lernbuch* finden Sie eine MP3-Datei, die Ihnen die Zeit vorgibt. Diese können Sie auf Ihrem Computer abspielen. Markieren Sie die Stelle, die Sie in 3 Minuten erreicht haben. Geben Sie in kurzen Stichpunkten wieder, an was Sie sich erinnern können und bestimmen Sie Ihr Verständnis in Prozent.

Der zweite Durchgang:

Gehen Sie an den Anfang des Textabschnitts zurück. Lesen Sie denselben Text nun ein weiteres Mal. Jedoch haben Sie dafür nur noch 2 Minuten zur Verfügung. Sie müssen Ihre Lesehilfe daher um einiges schneller bewegen. Ärgern Sie sich nicht, dass Sie bei diesem zweiten Durchgang weniger von dem Text verstehen. Das ist normal. Wichtig ist allein, dass Sie in den 2 Minuten die alte Markierung erreichen. Sofern Sie die MP3-Datei verwenden, erhalten Sie nach 1 Minute einen Hinweis. Auf diese Weise können Sie überprüfen, ob Sie bereits die Hälfte des Textabschnitts erreicht haben. Sollte das nicht der Fall sein, müssen Sie in der zweiten Minute etwas beschleunigen.

Wenn Sie in den 2 Minuten die Markierung nicht erreichen, müssen Sie wieder an den Anfang zurück und noch einmal für 2 Minuten lesen, bis Sie das Ziel erreicht oder etwas übertroffen haben. Überprüfen Sie kurz, ob Sie nach diesem zweiten Durchgang mehr erinnern können. Obwohl Sie im zweiten Durchgang über Ihrer derzeitigen Lesefähigkeit lesen und daher weniger vom Text mitbekommen, werden Sie bei Ihrer gedanklichen Wiedergabe das ein oder andere Schlüsselwort hinzufügen können. Bestimmen Sie Ihr jetziges Textverständnis. Welche Punkte fehlen Ihnen noch immer für die 100 Prozent? Setzen Sie sich ein klares Leseziel für den dritten Durchgang. Auf welche Stellen wollen Sie sich besonders konzentrieren?

Der dritte Durchgang:

Gehen Sie wieder an den Anfang des Textes zurück. Ziel des dritten Durchgangs ist es, die Markierung in nur 1 Minute zu erreichen. Im Vergleich zum ersten Durchgang müssen Sie Ihre Lesehilfe folglich dreimal so schnell bewegen. Haben Sie den ersten Durchgang mit 300 Wörtern pro Minute gelesen, gehen Sie nun mit 900 Wörtern pro Minute über den Text. Selbstverständlich können Sie bei dieser Geschwindigkeit noch nicht mit Verständnis lesen. Dafür ist noch etwas Übung erforderlich. Dennoch werden Sie das ein oder andere wichtige Schlüsselwort aufnehmen, sofern Sie sich ein klares Leseziel setzen. Halten Sie kurz inne und überlegen Sie, welche Informationen Sie nach diesem dritten Durchgang neu hinzugewonnen haben.

Wiederholen Sie diesen Durchgang, wenn Sie in der einen Minute Ihre ursprüngliche Markierung nicht erreicht haben. Es ist nicht schlimm, wenn Sie einmal eine Zeile auslassen. Versuchen Sie einfach, so gut wie möglich den Zeilen zu folgen und etwas aufzunehmen. Die Anstrengung ist das Einzige, was zählt. Wenn Sie mit dieser Anstrengung Ihre Komfortzone verlassen, werden in Ihrem Gehirn neue Verknüpfungen entstehen.

Bei diesem dritten Durchgang müssen Sie mit Ihrer Lesehilfe nicht mehr die ganze Zeile abfahren. Es genügt, wenn Sie beim zweiten oder dritten Wort beginnen und nicht bis ganz an das Ende der Zeile fahren. Den Rest nehmen Sie mit Ihrer Blickspanne auf. Zwar werden Sie diese Informationen zu Beginn Ihres Lesetrainings noch nicht in Verständnis umsetzen können. Das entwickelt sich schrittweise. Aber es wird Ihnen leichter fallen, die Markierung in einer Minute zu erreichen und Sie trainieren

> gleichzeitig Ihre Blickspanne. Mit zunehmender Lesekompetenz werden Sie immer weiter in die Mitte rücken und auch beim normalen Lesen nur noch das mittlere Drittel der Zeile abfahren.
>
> In meinen Seminaren werfen Teilnehmer oftmals ein, dass es nicht schwer sei, in bereits bekanntem Text zu beschleunigen. Das ist aber gerade der Vorteil beim Lesen desselben Textes. Sie kennen den Text bereits und es fällt Ihnen daher leichter, Ihre Komfortzone weit zu verlassen. Zudem liegt der Hauptzweck der Übung darin, mit einem Blicksprung mehrere Wörter auf einmal aufzunehmen. Dass Sie den Text bereits kennen, erleichtert diesen Prozess. Außerdem haben Sie bereits festgestellt, dass es selbst bei kurzen Texten nicht einfach ist, beim ersten Durchgang ein Verständnis von 100 Prozent zu erhalten.

Dies ist nur die erste Hälfte der 3-2-1 Übung. Der wichtigere Teil zur Steigerung Ihres Verständnisses und Ihrer Erinnerung an den Text folgt noch. Zurzeit befassen wir uns jedoch ausschließlich mit Ihrer Lesegeschwindigkeit. Aber keine Sorge, es wird in Zukunft nicht darum gehen, über Texte zu fliegen. Das Prinzip ist vielmehr Folgendes: Sie trainieren mit sehr hohen Geschwindigkeiten, um Ihre Lesegeschwindigkeit im unteren Bereich zu steigern. Während Sie im oberen Trainingsbereich immer schneller werden, erhöht sich sozusagen Ihre Basisgeschwindigkeit beim Lesen. Dafür müssen diese Trainingsgeschwindigkeiten aber sehr hoch sein.

Das Training in den oberen Bereichen führt zu folgenden Veränderungen: Sie haben pro Zeile nicht mehr so viel Zeit zur Verfügung. Sie zwingen daher Ihr Auge, in weniger Blicksprüngen über die Zeile zu gehen. Sie nehmen immer mehr über Ihre natürliche Blickspanne auf. Diese Fähigkeit entwickelt sich schrittweise.

Zudem verkürzen Sie in diesen Trainingseinheiten Ihre Fixationsdauer. Das ist die Zeit, die Sie mit Ihren Augen auf den Wörtern verharren. Daher ist dieses Training auch gleichzeitig eines der besten für Ihre Denkfähigkeit. Ich beschäftige mich schon sehr lange mit dem menschlichen Denken. Aber ein besseres Training für die allgemeine Denkfähigkeit habe ich bisher nicht gefunden. Dieses Training läuft sogar automatisch ab. Sie müssen nur Ihre Lesehilfe beschleunigen. Allein entscheidend ist die Anstrengung, Ihrer Lesehilfe zu folgen und dem Text so viel wie möglich zu entnehmen.

Beim dritten Durchgang werden Sie das Gefühl haben, nicht mehr alle Wörter zu sehen, denn Sie können nun nicht mehr alle Wörter innerlich mitsprechen. Sie haben daher das Gefühl, nur die Wörter zu sehen, die Sie subvokalisieren. Das ist nicht richtig. Sie nehmen problemlos auch bei diesen hohen Geschwindigkeiten alle Wörter mit Ihrer Blickspanne auf. Dass Sie diese zum jetzigen Zeitpunkt noch nicht alle verarbeiten können, steht auf einem anderen Blatt.

> **Übung**
>
> Fixieren Sie das erste Wort des nächsten Absatzes. Dies ist das Wort „Wenn". Springen Sie zum nächsten Wort und beobachten Sie, ob Sie das erste Wort noch erkennen können, während Sie das zweite Wort fixieren. Dies ist problemlos möglich. Springen Sie zum dritten Wort und achten Sie darauf, ob Sie das erste Wort noch wahrnehmen können. Wenn Sie das Gefühl haben, dass Sie dieses Wort nicht klar und deutlich sehen, liegt dies daran, dass Sie es nicht gewohnt sind, Ihre Blickspanne einzusetzen. Gute Leser nehmen vier oder fünf Wörter gleichzeitig auf. Sie werden in Kürze Übungen in Ihren Trainingsplan aufnehmen, mit denen Sie Ihren „Blickbiss" gezielt vergrößern können.
>
> Sie haben diese Blickspanne aber nicht nur in horizontaler Richtung, sondern auch nach oben und unten. Fixieren Sie ein Wort und beobachten Sie, ob Sie auch Wörter in der Zeile darüber und darunter erkennen können. Zunächst konzentrieren wir uns jedoch nur auf das lineare Lesen.

Steigern Sie Ihre Lesegeschwindigkeit

Wenn Sie zurzeit Ihre Wohlfühlgeschwindigkeit von vielleicht 250 Wörtern pro Minute auf zum Beispiel 500 Wörter pro Minute verlassen, werden Sie das Gefühl haben, gewissermaßen über den Text zu hetzen. Es fühlt sich nicht sehr entspannt an, auf diese Weise zu lesen. Ich kann Ihnen versichern, dass sich dies schnell ändert. Sobald Ihre neue Wohlfühlgeschwindigkeit bei 600 Wörtern oder höher liegt, wird sich Ihr Lesen mit diesen Geschwindigkeiten genauso anfühlen wie jetzt mit zum Beispiel 200 Wörtern pro Minute. Ihr Auge wird mit jedem Blicksprung Bedeutungseinheiten von mehreren Wörtern aufnehmen. Sie werden den Text auch nicht mehr im Geiste mitsprechen, so dass Sie sogar um einiges entspannter lesen. Ein Lesen mit hohen Geschwindigkeiten wird Ihnen so normal erscheinen, dass Sie keinen Unterschied zu früher feststellen werden.

Zu Beginn meines Lesetrainings hatte ich mich in kurzer Zeit auf ca. 800 Wörter pro Minute vorgearbeitet, die ich mit gutem Verständnis lesen konnte. Anschließend hatte ich meine Lesegeschwindigkeit nicht mehr ständig überprüft. Beim Lernen hatte ich plötzlich das Gefühl, wieder auf meine alte Geschwindigkeit von 200 Wörtern pro Minute zurückgefallen zu sein. Ich war enttäuscht, dass der Erfolg nicht allzu lange angehalten hatte. Als ich meine Lesegeschwindigkeit jedoch maß, musste ich feststellen, dass ich mich immer noch in dem hohen Bereich der Lesegeschwindigkeit befand. Es erscheint einem selbst aber nicht mehr als schnell. Ab diesem Zeitpunkt kann man sich sogar einen Spaß daraus machen, einmal bewusst in die langsamen Bereiche von zum Beispiel 300 Wörtern pro Minute zurückzukehren. Das Verständnis verschlechtert sich erheblich. Man wundert sich, wie man bei dieser Geschwindigkeit lesen und verstehen konnte.

Das heißt aber nicht, dass ich ein Buch ohne Unterbrechung mit über 1000 Wörtern pro Minute vom Anfang bis zum Ende durchlesen würde. An schwierigen Stellen ist es wichtig, innezuhalten, sich zurückzulehnen und das Gelesene wirken zu lassen, um es in das eigene Wissensnetz einzubinden. Das bringt Verständnis. Abschnitte langsamer zu lesen dagegen nicht. Das Verständnis würde sich nur verschlechtern. Zudem hat man beim herkömmlichen, langsamen Lesen für dieses Zurücklehnen kaum Zeit.

> **Tipp**
>
> Was denken Sie? Welcher Hälfte einer Zeile können Sie mehr Informationen entnehmen? Der oberen oder der unteren?
>
> Die Bedeutung eines Satzes ergibt sich aus dem oberen Teil
>
> Die Bedeutung eines Satzes ergibt sich aus dem oberen Teil
>
> Mehr Informationen können Sie der oberen Hälfte entnehmen. Konzentrieren Sie sich beim Lesen daher mehr auf den oberen Bereich der Zeile, als ob Sie mit Ihren Augen über die Wörter hinweg streichen. Umso leichter gelingt es Ihnen, sich vom „Wort für Wort Lesen" zu lösen und ganze Wörtergruppen aufzunehmen. Je stärker Sie sich auf den unteren Bereich einer Zeile konzentrieren, desto eher fallen Sie in das „Wort für Wort Lesen" zurück.

Ihr persönlicher Trainingsplan

Beginnen wir mit der Erstellung Ihres persönlichen Trainingsplans. Sie sollten in den nächsten Tagen immer mit Lesehilfe lesen. Durch den ständigen Einsatz einer Führung disziplinieren Sie Ihre Augenbewegungen beim Lesen. Sie sollten sich in den nächsten drei Wochen mindestens 30 Minuten am Tag für Ihr Lesetraining reservieren. Planen Sie diese Zeit fest ein. Sofern Sie Ihrer Trainingszeit keine Verbindlichkeit geben, werden Sie die Übungen immer wieder auf den nächsten Tag verschieben, bis Sie Ihr Training ganz aufgeben. Sie würden sich um einen großen Vorteil bringen. Daher ist es gefährlich, die Übungszeit auf den Abend zu legen. Sehr schnell ist man geneigt, die Übungszeit für einen guten Film oder ein gemütliches Bier auf den nächsten Tag zu verschieben. Vielleicht haben Sie in Ihrer Mittagspause Zeit für die Übungen oder Sie arbeiten diese direkt am Morgen ab. Auf jeden Fall sollten Sie die Übungszeiten in Ihrer Tagesplanung schriftlich festhalten. Andernfalls gilt das Sprichwort „Aus den Augen, aus dem Sinn".

Auf Ihrem Trainingsplan steht bisher nur die 3-2-1 Übung. Wiederholen Sie diese je nach verfügbarer Zeit ein-, zwei- oder dreimal. Umso häufiger Sie trainieren, desto größere Fortschritte machen Sie. Ihre Trainingszeit entscheidet darüber, wie schnell Sie die einzelnen Lernplateaus bis hin zur unbewussten Kompetenz überspringen. Im Fortlauf des Buches werden Sie schrittweise weitere Übungen in Ihren Trainingsplan aufnehmen.

Die Verhaltens-Lernkurve

Wenn Sie ein neues Verhalten erlernen, springen Sie von einem Plateau zum nächsten. Nehmen wir wieder das Beispiel Klavier spielen. Sie erhalten Ihre ersten Übungsstunden und können Ihr erstes kleines Lied spielen. Sie sind ein Plateau gesprungen. Sie wagen sich an das nächste Stück und scheinen trotz des Übens auf der Stelle zu treten. Aber plötzlich, vielleicht auch nach einem Tag Pause, gelingt Ihnen auch dieses Stück und Sie sind wieder ein Plateau nach oben gesprungen. Auf diese Weise arbeiten Sie sich Schritt für Schritt immer weiter in Richtung unbewusster Kompetenz. Dieselben Sprünge von Plateau zu Plateau machen Sie auch bei der Entwicklung Ihrer Lesefähigkeit.

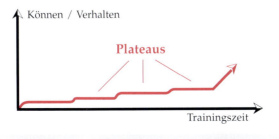

> Diese Plateaus sind die kritischen Zeiten beim Erlernen einer neuen Fähigkeit, unabhängig davon, ob dies ein Musikinstrument, eine neue Sportart oder eine effektive Lesetechnik ist. Es ist schwer, die Motivation aufrecht zu halten. Man glaubt, auf der Stelle zu treten und nicht voranzukommen.
>
> Sie müssen jedoch wissen, dass diese Plateaus lernbiologisch die wichtigsten Zeitpunkte sind. Während dieser Plateaus entstehen im Gehirn neue Verknüpfungen. Diese sind aber nicht sofort nutzbar, sondern müssen erst mit einer Schutzschicht überzogen werden, ähnlich einem Elektrodraht, der mit einer Hülle ummantelt wird. Die neuen Verknüpfungen zwischen unseren Gehirnzellen werden mit einer Schutzschicht namens Myelin überzogen. Den Vorgang nennt man Myelinisierung. Erst wenn der Vorgang abgeschlossen ist, stehen uns die neuen Denkwege und damit die neuen Verhaltensweisen zur Verfügung. Wir springen ein Plateau.
>
> Wenn Sie einmal trotz Lesetrainings nicht vorankommen, können Sie sich darüber freuen, dass gerade neue Verknüpfungen entstehen. Wichtig ist einzig und allein, dass Sie Ihre Komfortzone verlassen. Wenn Sie beständig weiter üben, kommt der nächste Sprung garantiert. Lernen Sie, das Plateau zu lieben. Nur auf diese Weise werden Sie Erfolg haben.

Zum Abschluss jeder Trainingseinheit sollten Sie Ihren neuen Standort bestimmen. Tragen Sie Ihre Verbesserungen in das Diagramm auf Seite 25 ein. Auf diese Weise haben Sie Ihren Fortschritt ständig vor Augen und bleiben motiviert. Machen Sie daher am Ende Ihres Trainings folgende Übung.

Die Abschlussübung

Lesen Sie für 1 Minute mit gutem Verständnis einen noch unbekannten Abschnitt aus Ihrem Übungsbuch. Setzen Sie Ihre Lesehilfe ein. Markieren Sie die Stelle, die Sie in dieser Minute erreichen. Geben Sie in höchstens 1 Minute die Inhalte in Schlüsselwörtern wieder und schätzen Sie Ihr Textverständnis ein. Übertragen Sie das Ergebnis in das Diagramm.

Zur Berechnung Ihrer Lesegeschwindigkeit müssen Sie für Ihr Übungsbuch zunächst die durchschnittliche Anzahl an Wörtern pro Zeile berechnen. Zählen Sie die Anzahl der Wörter in 10 vollen Zeilen und teilen Sie die Zahl durch 10. Sie haben nun die durchschnittliche Anzahl der Wörter pro Zeile. Zählen Sie anschließend die Anzahl der Zeilen, die Sie in der einen Minute gelesen haben. Multiplizieren Sie diese Anzahl an gelesenen Zeilen nun mit der durchschnittlichen Anzahl von Wörtern pro Zeile. Liegt die durchschnittliche Anzahl von Wörtern pro Zeile beispielsweise bei 8, und haben Sie 40 Zeilen geschafft, so haben Sie mit 320 Wörtern pro Minute gelesen. Übertragen Sie das Ergebnis in das Diagramm.

Natürlich handelt es sich bei einer Minute um einen sehr kurzen Zeitraum. Da Sie am Ende der Trainingszeit für die Bestimmung Ihrer Werte immer nur für eine Minute lesen, können Sie daraus dennoch sehr gut Ihre Entwicklung ablesen. Bald werden Sie sich nicht mehr für die Anzahl der Wörter pro Minute interessieren, mit denen Sie lesen. Entscheidend ist nur noch, dass Sie für Bücher nicht mehr eine Woche benötigen, sondern diese am selben Tag und mit einem besseren Verständnis beenden.

Der Aufstieg zum Gipfel

Eine erneute Standortbestimmung

Es ist Zeit für eine weitere Standortbestimmung. Selbstverständlich setzen Sie für den Lesetest wieder Ihre Lesehilfe ein. Den Ablauf kennen Sie bereits. Stoppen Sie Ihre Zeit und tragen Sie diese in das entsprechende Feld am Ende des Textes ein. Beantworten Sie anschließend die Fragen und bestimmen Sie Ihr Textverständnis.

Brain Food – Nährstoffe für ein leistungsfähiges Gehirn
von Christian Grüning

Ihr Gehirn gleicht einer chemischen Fabrik, die eine Vielzahl von psychoaktiven Drogen produziert. Diese körpereigenen chemischen Verbindungen haben direkte Auswirkung auf Ihre Intelligenz, Ihr Gedächtnis und Ihre Stimmung. Das Ausgangsmaterial für diese gehirneigenen Stoffe stammt aus der Nahrung, die Sie aufnehmen.

Bei einem Defizit wichtiger Nahrungssubstanzen wird die Fortleitung der Nervenimpulse im Gehirn und der Stoffwechsel der Gehirnzellen verlangsamt. Wichtige Baustoffe zur Reparatur und Regeneration der grauen Zellen fehlen. Bei Denkvorgängen werden in jeder beteiligten Zelle pro Sekunde rund 15.000 Eiweißmoleküle umgebaut. Auch dafür müssen die richtigen Baustoffe zur Verfügung stehen. Diese werden nur durch eine ausgewogene Ernährung bereitgestellt.

Probleme falscher Ernährung

Die negativen Auswirkungen einer schlechten Ernährung wurden überzeugend durch den jungen und gesunden Regisseur Morgan Spurlock nachgewiesen. In seinem Dokumentarfilm „Super Size Me" ernährte er sich drei Wochen lang ausschließlich von McDonalds Produkten. Vor diesem Experiment ließ er eine Reihe körperlicher Untersuchungen, einschließlich Blutuntersuchungen, durchführen. Alle diese Untersuchungen ergaben, dass er topfit und bei bester Gesundheit war.

Nachdem er drei Wochen nur Fast Food zu sich genommen hatte, klagte er über depressive Verstimmungen, Gedächtnis- und Konzentrationsprobleme. Aber nicht nur auf die geistige Leistungsfähigkeit hatte diese einseitige Ernährung Auswirkungen, sondern auch auf die körperliche. Innerhalb von drei Wochen nahm er 15 kg zu. Er wurde lethargisch und bei den Blutuntersuchungen zeigte sich ein schwerwiegendes Leberproblem, das ihn schließlich wegen bedrohlicher Gesundheitsprobleme zur Aufgabe des Experimentes zwang.

Allzu weit ist das gewöhnliche Ernährungsverhalten von dieser Studie aber nicht entfernt. Viele Menschen nehmen sich nicht mehr die Zeit, sich richtig zu ernähren. Die typische westliche Ernährungsweise enthält zu viel Zucker, raffinierte Bestandteile, Salz und Fett. Ein Blick auf die Top Ten der meistverkauften Produkte australischer Supermärkte erklärt, warum die Ernährungsweise der meisten Menschen in den Industrienationen zu einem Nährstoffmangel führt.

1. Coca-Cola, 375 ml
2. Coca-Cola, 1 Liter
3. Coca-Cola, 2 Liter
4. Diät-Cola, 375 ml
5. Cherry Ripe-Schokolade
6. Kondensmilch, Nestlé
7. Zigarettenpapier, Tally Ho
8. Mars-Riegel
9. KitKat-Riegel
10. Crunchie-Riegel

Verbraucherstudien zum Einkauf in Supermärkten in den USA zeigen ein ähnliches Konsumverhalten. Auch in Europa treffen immer mehr Konsumenten eine vergleichbare Auswahl an Lebensmitteln. Einbußen in der körperlichen und geistigen Leistungsfähigkeit sind daher kein Wunder. Betanken Sie einmal Ihr Auto ausschließlich mit Rapsöl und Sie werden ebenso gewichtige Einbußen feststellen. Im selben Maße hängt Ihr Energieniveau von den aufgenommenen Lebensmitteln ab.

Die Informationsübermittlung im Gehirn

Die Kommunikation im Gehirn erfolgt über ein eigenes „Übermittlungssystem". Innerhalb eines Neurons werden die Signale hauptsächlich elektrisch, sozusagen per Draht, übermittelt. Elektrische Impulse werden jedoch nicht endlos über Nerven fortgeleitet, da auch jeder Nerv einen Anfang und ein Ende hat. Da Neuronen einander nicht berühren, müssen die Signale einen Zwischenraum überbrücken. Dies ist der synaptische Spalt.

Die Natur hat dafür ein chemisches „Beförderungssystem" entwickelt. Neurotransmitter nehmen die ankommenden Nervenimpulse "huckepack" und tragen diese über den synaptischen Spalt hinweg, um sie dem nachfolgenden Nervenstrang zu übergeben. Auf diese Weise wird eine Synapse nach der anderen überbrückt. Neurotransmitter sind biochemische Substanzen. Ihr Körper bildet diese „Postboten" des Gehirns aus den Nährstoffen, die Sie aufnehmen. Bisher sind über 60 Neurotransmitter bekannt. Betrachten wir zwei davon, die für das Denken besonders wichtig sind, etwas näher.

Dopamin:
Dieser Neurotransmitter spielt eine wichtige Rolle bei der Beherrschung von Bewegungsabläufen. Er ist zudem entscheidend für Motivation, Aufmerksamkeit, Neugierde und Konzentration. Sobald Dopamin freigesetzt wird, fühlen wir uns gut und motiviert. Unter dem Einfluss von Alkohol, Nikotin oder anderen Drogen wird sehr viel Dopamin freigesetzt. Wir fühlen uns daher extrem gut, weshalb diese Stoffe auch süchtig machen können. Nach einer kurzen Zeit verkehrt sich dieser Prozess jedoch in sein Gegenteil und wir fühlen uns niedergeschlagener als ohne diese Stoffe.

Serotonin:
Dieser Botenstoff trägt zur Bildung Ihrer Stimmung, Ihrer Energie, Ihres Gedächtnisses und Ihrer Lebenseinstellung bei. Menschen mit niedrigem Serotoninspiegel sind anfälliger für Depressionen, impulsive Handlungen, Alkoholismus, Suizid, Aggression und Gewalt. Antidepressiva entfalten Ihre Wirkung, indem sie den Serotoninspiegel im Gehirn erhöhen. Frauen bilden in ihrem Gehirn im Durchschnitt nur halb soviel Serotonin wie Männer. Möglicherweise ein Grund dafür, dass Frauen anfälliger für Depressionen sind. Zudem wird der Serotoninkreislauf im Alter schwächer, wodurch die Neigung zu Depressionen steigt. Serotonin verbessert aber auch Ihr Gedächtnis und schützt Ihre Gehirnzellen vor einem Prozess, den man Exzitotoxizität nennt und der zum Zelltod führt. Ein hoher Serotoningehalt unterstützt Sie dabei, Gehirnschäden durch das Altern zu vermeiden.

Beide Neurotransmitter sind für die Informationsübertragung über den synaptischen Spalt zuständig. Bei einem Mangel an diesen Botenstoffen kommt es daher zum Informationsstau. Die Reize werden nur schleppend übertragen. Die Denkleistung verschlechtert sich.

Steigerung der geistigen Leistungsfähigkeit durch Ernährung

Verschiedene wissenschaftliche Studien haben belegt, dass sich durch die richtige Ernährung die geistige Leistungsfähigkeit nicht nur erhalten, sondern sogar erheblich steigern lässt, und das unmittelbar nachdem die Nahrungsumstellung erfolgt ist. Als Brain Food werden dabei Nahrungsmittel bezeichnet, die direkt oder indirekt auf die Kommunikation zwischen den einzelnen Nervenzellen im Gehirn und damit auf die Bildung von Neurotransmittern einwirken.

Die häufigsten Faktoren, die das Vorhandensein von Neurotransmittern negativ beeinträchtigen, sind ein Mangel an Vorläufermolekülen wie Aminosäuren und Fettsäuren oder ein

Mangel an einer ausreichenden Konzentration von Hilfsnährstoffen wie Vitaminen und Mineralstoffen, die für die Bildung dieser wichtigen Moleküle erforderlich sind.

Vitamine und Mineralstoffe:
können hinsichtlich Ihrer Funktion für das Gehirn in zwei Gruppen aufgeteilt werden: zum einem in die Gruppe, die für die Aufrechterhaltung einer effektiven Zusammenarbeit von Neurotransmittern und Fettsäuren erforderlich ist, zum anderen in die Gruppe, die für den Schutz des Gehirns gegen Schäden durch freie Radikale erforderlich ist. Freie Radikale sind Moleküle, die Gehirn- und Nervenzellen attackieren und diese beschädigen. Wichtige **Vitamine** für das Denken sind zum Beispiel Vitamin C, das entscheidend an der Bildung des Neurotransmitters Dopamin beteiligt ist, Vitamin E, das den Transport des Sauerstoffs in die Zellen unterstützt und die grauen Zellen „ölt", sowie die Vitamin-B-Gruppe (vor allem Vitamin B1, B6, B12, Folsäure), bei deren Mangel es vor allem zu Gedächtnisverlusten und seelischen Störungen kommt. Wichtige **Mineralstoffe** für die Denkfähigkeit sind insbesondere Eisen, Zink, Kalium, Magnesium und Chrom.

Fettsäuren:
sind wichtige Nährstoffe für eine optimale geistige Leistungsfähigkeit, denn ein großer Teil des Gehirns besteht daraus. Sämtliche Membrane der Milliarden von Neuronen bestehen ebenfalls aus Fettsäuren. Eine effektive Nervenleitung setzt die richtige Art und Menge an Fettsäuren voraus, die zur Aufrechterhaltung von Stabilität und Funktionsfähigkeit der Membrane erforderlich sind. Achten Sie vor allem auf die Aufnahme der wichtigen Omega-3-Fettsäuren, an denen meistens ein Mangel besteht. Die besten Nahrungsquellen hierfür sind Kaltwasserfische wie Lachs, Makrele, Hering, Sardine und Thunfisch.

Aminosäuren:
Das gesamte menschliche Leben basiert auf einer sehr überschaubaren Zahl von Bausteinen, den Aminosäuren. Vor allem die Aminosäuren Phenyllalanin, Tryptophan und Tyrosin sollten in angemessenen Mengen in unserer Nahrung vorhanden sein, da diese die Vorläufer für die Bildung von Dopamin und Serotonin sind. Wenn man sich ausgewogen mit Obst und Gemüse ernährt und in angemessenem Rahmen Milch, Milchprodukte, Eier, Fleisch oder Fisch zu sich nimmt, ist eine ausreichende Versorgung gewährleistet.

Es würde den Rahmen dieses Lesetest sprengen, einzelne Lebensmittel aufzuzählen, die die angesprochenen Nährstoffe verstärkt enthalten. Im Internet finden Sie jedoch unzählige Seiten, die Ihnen dies haargenau aufschlüsseln. Auf Ihrem Weg zu einem leistungsfähigen Gehirn wünsche ich guten Appetit.

Ihre Lesezeit:

_3_ Minuten _52_ Sekunden = _232_ **Sekunden**

Bitte beantworten Sie die folgenden Fragen in Stichpunkten:

1. Wie viele Eiweißmoleküle werden bei Denkvorgängen pro Sekunde in jeder beteiligten Zelle umgebaut?

2. Wie lautet der Name des erwähnten Dokumentarfilms?

3. Welche Auswirkungen hatte die einseitige Ernährungsweise für den Hauptdarsteller?

4. An welche Produkte aus der Top Ten der meistverkauften Produkte in australischen Supermärkten erinnern Sie sich?

5. Wie erfolgt die Informationsübermittlung im Gehirn?

6. Welche beiden Neurotransmitter werden im Text erwähnt?

7. Welche Lebensmittel werden im Text als Brain Food bezeichnet?

8. Welche Nährstoffe bzw. Vorläufermoleküle sind für die Bildung von Neurotransmittern von besonderer Bedeutung?

9. Welche Vitamine und Mineralstoffe werden im Text erwähnt?

10. An welchen Fettsäuren besteht meistens ein Mangel?

Vergleichen Sie Ihre Antworten mit den folgenden. Geben Sie sich 10 Prozent für richtige und 5 Prozent für teilweise richtige Antworten.

Antworten:

1. Wie viele Eiweißmoleküle werden bei Denkvorgängen pro Sekunde in jeder beteiligten Zelle umgebaut?

    rund 15.000 Eiweißmoleküle

2. Wie lautet der Name des erwähnten Dokumentarfilms?

    „Super Size Me"

3. Welche Auswirkungen hatte die einseitige Ernährungsweise für den Hauptdarsteller?

    - depressive Verstimmungen
    - Gedächtnis- und Konzentrationsprobleme
    - 15 kg Übergewicht
    - Lethargie
    - Leberprobleme

4. An welche Produkte aus der Top Ten der meistverkauften Produkte in australischen Supermärkten erinnern Sie sich?

    - 3 x Coca Cola (in verschiedenen Größen)
    - Diät-Cola
    - Schokolade
    - Kondensmilch
    - Zigarettenpapier
    - 3 x Schokoriegel

5. Wie erfolgt die Informationsübermittlung im Gehirn?

    - zum Teil elektrisch innerhalb der Neuronen
    - zum Teil chemisch zwischen den Neuronen. Neurotransmitter

tragen die Nervenimpulse „huckepack" über den synaptischen Spalt und übergeben sie dem nachfolgenden Nervenstrang

6. Welche beiden Neurotransmitter werden im Text erwähnt?

Dopamin und Serotonin

7. Welche Lebensmittel werden im Text als Brain Food bezeichnet?

Nahrungsmittel, die auf die Kommunikation zwischen den Gehirnzellen einwirken (Bildung von Neurotransmittern).

8. Welche Nährstoffe bzw. Vorläufermoleküle sind für die Bildung von Neurotransmittern von besonderer Bedeutung?

- Vitamine
- Mineralstoffe
- Fettsäuren
- Aminosäuren

9. Welche Vitamine und Mineralstoffe werden im Text erwähnt?

Vitamine:

- Vitamin C
- Vitamin E
- Vitamin B-Gruppe (B1, B6, B12, Folsäure)

Mineralstoffe:

- Eisen
- Zink
- Kalium
- Magnesium
- Chrom

10. An welchen Fettsäuren besteht meistens ein Mangel?

Omega-3-Fettsäuren

Ihr Textverständnis: __60__ %

Ihre Lesegeschwindigkeit:

71.040 : _____ (Lesezeit in Sekunden) = __306__ **wpm**

Übertragen Sie die Ergebnisse in Ihr Diagramm. Machen Sie sich keine Sorgen, wenn sich Ihr Textverständnis noch nicht verbessert oder sogar etwas verschlechtert haben sollte. Die Übungen hierfür folgen noch.

Die erste Erweiterung des Trainingsplans

Um Abwechslung in Ihren Trainingsplan zu bringen, möchte ich Ihnen eine Abwandlung der 3-2-1 Übung vorstellen: die 2-2-2 Übung. Mit dieser Übung werden Sie nicht nur in bereits bekanntem Text beschleunigen, sondern auch in unbekanntem Text. Führen Sie diese beiden Übungen abwechselnd aus.

Die 2-2-2 Übung

Der erste Durchgang:

Bei dieser Übung lesen Sie in Ihrem Übungsbuch zunächst für 2 Minuten auf Verständnis. Markieren Sie die erreichte Stelle. Geben Sie den Inhalt wieder.

Der zweite Durchgang:

Gehen Sie wieder an den Anfang zurück. Nun müssen Sie in 2 Minuten die doppelte Textmenge wie beim ersten Durchgang lesen. Haben Sie zuvor beispielsweise 1,5 Seiten gelesen, müssen Sie jetzt in 2 Minuten 3 Seiten lesen. Machen Sie nach 3 Seiten daher eine weitere Markierung in Ihr Buch. Dies ist Ihr neues Ziel für den zweiten Durchgang. Sofern Sie die Markierung in den 2 Minuten nicht erreicht haben, wiederholen Sie diesen Durchgang noch einmal. Rekapitulieren Sie im Geiste, welche neuen Informationen Sie dazu gewonnen haben.

Der dritte Durchgang:

Gehen Sie für den dritten und letzten Durchgang wieder an den Anfang des Textes zurück. Nehmen Sie noch einmal dieselbe Textmenge hinzu. In unserem Beispiel müssen Sie nun weitere 1,5 Seiten hinzunehmen und Ihre neue Markierung nach 4,5 Seiten setzen. Dieses Ziel müssen Sie in 2 Minuten erreichen. Welche zusätzlichen Inhalte können Sie nach diesem Durchgang wiedergeben?

Im Gegensatz zur 3-2-1 Übung bleibt nicht der Text gleich, sondern die Zeitspanne. Dafür verändert sich die Textmenge.

Das hinter diesen Übungen stehende Prinzip ist Folgendes: Sie gehen in schrittweise steigenden Geschwindigkeiten über den Text, um auf diese Weise Ihre Komfortzone immer weiter zu verlassen. Sobald Ihnen diese beiden Übungen keine Probleme mehr bereiten, benötigen Sie keine schrittweise Steigerung mehr. Sie können diese Übungen zwar in Ihrem Trainingsplan beibehalten. Um das Metronomtraining aus meinen Seminaren zu ersetzen, sollten Sie aber für längere Zeiträume mit einer hohen Geschwindigkeit über den Text gehen. Die ideale Übungsgeschwindigkeit liegt bei 1.000 Wörtern pro Minute.

> **Die 1.000 wpm Übung**
>
> Sie lesen 5 Minuten am Stück mit 1.000 Wörtern pro Minute. Diese Übung entspricht dem Metronom-Training in meinen Seminaren, das für den größten Fortschritt des Tages sorgt.
>
> Stecken Sie in Ihrem Übungsbuch einen Bereich von 5.000 Wörtern ab. Bestimmen Sie dazu die durchschnittliche Anzahl von Wörtern pro Seite in Ihrem Übungsbuch. Die durchschnittliche Anzahl von Wörtern pro Zeile haben Sie bereits berechnet. Zählen Sie nun die Anzahl der Zeilen auf einer vollen Seite und multiplizieren Sie diese Zahl mit der durchschnittlichen Anzahl von Wörtern pro Zeile. Auf diese Weise erhalten Sie die durchschnittliche Anzahl von Wörtern pro Seite. Nehmen wir an, dass sich in Ihrem Übungsbuch auf einer Seite im Durchschnitt 250 Wörter befinden. Sie müssen daher 20 ganze Seiten abstecken (5.000 geteilt durch 250 ergibt 20). Fügen Sie nach ca. 20 vollen Seiten eine Markierung ein. Auf der nächsten Seite finden Sie eine Tabelle, der Sie entnehmen können, wie viele Seiten Sie bei dieser Übung abstecken müssen. Es geht hierbei nicht um absolute Genauigkeit. Entscheidend ist ausschließlich, dass Sie mit einer Geschwindigkeit von ca. 1.000 Wörtern pro Minute lesen.
>
> Wiederholen Sie den Durchgang, wenn Sie in den 5 Minuten die Markierung nicht erreichen. Sie müssen Ihre Lesehilfe etwas

beschleunigen. Verzagen Sie nicht. Auch wenn es Ihnen zu Beginn fast unmöglich erscheint, den Abschnitt in 5 Minuten zu beenden. „Alles ist schwer bis es leicht wird" lautet ein Sprichwort. Wir schauen oftmals amüsiert auf unsere Anfänge zurück und wundern uns, dass wir uns mit manchen Tätigkeiten so schwer getan haben. Denn nach etwas Übung erscheinen diese plötzlich kinderleicht. In meinen Seminaren schalte ich das Metronom zeitweise sogar auf über 1.500 Wörter pro Minute. Ich habe lange Zeit mit einem Metronom das zeilenweise Lesen mit über 2.000 Wörtern pro Minute trainiert.

Wörter pro Seite	Anzahl der Seiten	Wörter pro Seite	Anzahl der Seiten
100	50	310	16
110	45	320	16
120	42	330	15
130	39	340	15
140	36	350	14
150	33	360	14
160	31	370	14
170	29	380	13
180	27	390	13
190	26	400	13
200	25	410	12
210	24	420	12
220	23	430	12
230	22	440	11
240	21	450	11
250	20	460	11
260	19	470	11
270	18	480	10
280	18	490	10
290	17	500	10
300	17	510	10

> Wiederholen Sie diese Übung, sooft Sie können. Lesen Sie zum Abschluss Ihres Trainings 1 Minute auf Verständnis und halten Sie Ihre Verbesserungen hinsichtlich Geschwindigkeit und Verständnis im Diagramm fest. Am Ende des Buches finden Sie weitere leere Diagramme.

Ergänzen Sie Ihren Trainingsplan um diese Übung. Sie müssen nicht jede einzelne Übung jeden Tag ausführen. Variieren Sie die Übungen von Tag zu Tag, so dass Sie, auf die Woche gesehen, alle einbezogen haben. Zunächst stehen die „3-2-1 Übung" bzw. die „2-2-2 Übung" und die „1.000-wpm Übung" auf Ihrem Trainingsplan. Ergänzen Sie diesen schrittweise durch die Übungen, die hinzukommen. Beobachten Sie, mit welchen Übungen Sie den größten Fortschritt erzielen. Legen Sie hierauf einen Schwerpunkt. Dies ist von Mensch zu Mensch unterschiedlich.

Eine wichtige Vereinbarung

Kommen wir zum Abschluss dieser Einheit noch einmal auf unsere Vereinbarung zurück. Dies ist ein entscheidender Punkt. Wir haben vereinbart, dass Sie beim normalen Lesen immer nur so schnell lesen, wie es für Ihr Leseziel angemessen ist. Hinterfragen Sie während des Lesens nicht, ob Sie schnell genug lesen oder Ihre Augen schneller bewegen sollten. Dadurch wird Ihre Konzentration gestört. Sie führen sich nur Ihre Unsicherheit beim Lesen vor Augen.
Der richtige Zeitpunkt, Ihre Lesegeschwindigkeit zu hinterfragen, ist Ihre Trainingszeit. Anhand des Diagramms können Sie sich Ihres Fortschritts vergewissern. Sie können sicher sein, dass Sie sich durch das Training Plateau für Plateau nach oben arbeiten. Sofern Sie sich an diese Vereinbarung halten, werden Sie sich keine Leseprobleme aneignen.

Vergrößern Sie Ihren „Blickbiss"

Über Ihre Blickspanne haben wir bereits gesprochen. Wenn Sie ein Wort fixieren, nehmen Sie gleichzeitig einige Wörter in der Umgebung wahr. Man spricht von der fovealen Zone.

Der foveale Bereich

Bei Frauen ist die foveale Zone etwas größer als bei Männern. Dafür gibt es eine einfache und wissenschaftlich unbestrittene Erklärung, die jedoch in der heutigen Zeit nicht immer leicht zu vermitteln ist. Über Millionen von Jahren hatten Männer und Frauen höchst unterschiedliche Aufgabenbereiche. Die Frau war dafür zuständig, die Höhle tagsüber vor Gefahren zu schützen. Um die nähere Umgebung des Höhleneingangs im Blick zu behalten, war eine gute Rundumsicht erforderlich. Auch für das Sammeln von Früchten oder das Hüten von zahlreichen Kindern war ein weites Blickfeld von Vorteil. Die Evolution hat dies in den Genen verankert.

Männer mussten dagegen die Fähigkeit besitzen, ein Mammut während der Jagd über lange Strecken im Auge zu behalten. Hierfür war ein Tunnelblick erforderlich. Man durfte sich nicht durch eine Erdbeere am Wegesrand von seinem eigentlichen Ziel ablenken lassen. Eine gute Rundumsicht war für diese Aufgabe nicht erforderlich. Bei Männern musste der Orientierungssinn gut ausgeprägt sein, damit man sich anhand markanter Punkte für den richtigen Rückweg entscheiden konnte. Es wird aber auch früher vorgekommen sein, dass der ein oder andere Abstecher über eine fremde Höhle genommen wurde.

Die größere Blickspanne bei Frauen hat also eine einfache wissenschaftliche Erklärung. Diese wissenschaftlichen Erkenntnisse werden in kabarettistischen Büchern über Männer und Frauen gerne überspitzt aufs Korn genommen. Sie kennen

> bestimmt die einschlägigen Titel aus den Bestsellerlisten. Diese anatomischen Unterschiede seien daher zum Beispiel der Grund, warum eine Frau aus den Augenwinkeln im Dunkeln auf 50 Meter Entfernung ein schmutziges Wäschestück oder das blonde Haar auf dem Mantel entdeckt, aber die blinkende Warnleuchte vor ihrem Auge im Auto übersieht. Hier fehlt der Tunnelblick. Männern wird oft vorgehalten, dass Sie sich nach anderen Frauen umschauen. Frauen schauen sich ebenso nach Männern um. Nur fällt es nicht auf, da sie dafür den Kopf nicht drehen müssen.

Sie haben Ihre Blickspanne bereits durch die bisherigen Übungen in stärkerem Maße eingesetzt. Indem Sie mit höheren Geschwindigkeiten lesen, zwingen Sie Ihre Augen in weniger Sprüngen über die Zeile zu gehen. Sie müssen pro Blicksprung mehrere Wörter auf einmal aufnehmen. Ihr Gehirn beginnt, die entsprechenden Verknüpfungen entstehen zu lassen, damit Sie in der Lage sind, diese Wörtergruppe auch verarbeiten und verstehen zu können. Diese Übungen sind ein hervorragendes Training für Ihre Blickspanne. Dennoch ist es hilfreich, ergänzende Übungen für Ihre Blickspanne in den Trainingsplan einzubauen. Durch die gezielte Vergrößerung Ihres Blickbisses beschleunigen Sie Ihren Lernerfolg.

Den Blickbiss erweitern

Für die nächste Übung benötigen Sie ein Blatt Papier. Noch besser wäre eine Karteikarte. Decken Sie damit den nachfolgenden Buchstaben-Baum ab. Lassen Sie schnell die erste Zeile aufblitzen. Schieben Sie dafür das Blatt Papier möglichst rasch runter und wieder hoch, gerade so, dass Sie die erste Zeile erblicken können. Umso schneller diese Bewegung erfolgt, desto besser. Blicken Sie dabei ausschließlich auf die Zahl in der Mitte. Schließen Sie Ihre Augen und versuchen Sie, die Buchstaben rechts und links der Zahl vor Ihrem inneren Auge erscheinen zu lassen. Dadurch trainieren Sie zusätzlich zu Ihrer Blickspanne auch Ihren visuellen Lernkanal. Und der visuelle Kanal ist der wichtigste Schlüssel zum Visual Reading®. Sofern Sie kein visueller Lerntyp sind, wird es Ihnen am Anfang Probleme bereiten, die Buchstaben vor dem inneren Auge zu erzeugen. Umso wichtiger ist das Training in diesem Fall. Auch hier ist allein die Anstrengung entscheidend. Mit der Zeit wird es Ihnen immer leichter fallen, ein klares Abbild der Buchstaben vor Ihrem inneren Auge entstehen zu lassen, selbst wenn Sie am Anfang vielleicht nur „schwarz" sehen. Es handelt sich um einen Übungsprozess. Wie Sie im Kapitel über die Erinnerung beim Lesen erfahren werden, stellt dieser Prozess gleichzeitig ein ideales Gedächtnis- und Konzentrationstraining dar. Solange Ihnen dies noch nicht gelingt, können Sie sich die Buchstaben auch innerlich vorsagen. Dennoch sollten Sie sich anstrengen, die Buchstaben vor dem inneren Auge zu sehen.

Sofern Sie die Buchstaben wiedergeben konnten, rücken Sie eine Zeile weiter und wiederholen Sie den Vorgang. Gehen Sie die Zeilen bis an das Ende durch. Der zweite Buchstaben-Baum enthält zwei Buchstaben auf jeder Seite und stellt eine größere Herausforderung dar. Wiederholen Sie diese Übung mehrmals. Es wird Ihnen immer leichter fallen, selbst die unteren Zeilen blitzschnell zu erfassen und vor dem inneren Auge entstehen zu lassen.

Der Aufstieg zum Gipfel

B	1	F
K	2	X
V	3	T
U	4	O
W	5	Y
R	6	Z
S	7	T
A	8	G
L	9	P
D	10	F
Z	11	T
R	12	U
L	13	W
M	14	S
N	15	O
H	16	P
T	17	H
T	18	R
F	19	G
L	20	D
P	21	R
X	22	A
A	23	Q
C	24	Z
B	25	K

RJ	1	ZR
SD	2	TA
AR	3	GS
LM	4	PD
DP	5	FF
ZX	6	TG
RS	7	UH
LG	8	WJ
MP	9	IK
NS	10	OL
HQ	11	PV
TC	12	HB
TJ	13	RN
FH	14	GM
LY	15	DS
PX	16	RD
XB	17	AF
AN	18	QQ
CD	19	ZW
BF	20	KE
MHQ	21	PVJ
UTC	22	GHB
KTJ	23	RCN
FKH	24	GEM
LJY	25	DSF

Für diese Übung wurden bewusst Buchstaben und keine ganzen Wörter verwendet. Andernfalls würden Sie sich die Wörter einprägen und könnten dieses Training nicht oft wiederholen. Nehmen Sie sich eine Tageszeitung zur Hand, um diese Übung auch mit Wörtern durchzuführen.

Die BILD-Übung

Die ideale Schnell-Lese-Zeitung für den Anfang stellt die BILD dar. Hier finden Sie Spalten mit drei oder vier Wörtern pro Zeile. Ideal zum Üben. Verdecken Sie die Spalte mit Ihrer Karteikarte und lassen Sie die erste Zeile kurz aufblitzen. Versuchen Sie, die Wörter kurz vor dem inneren Auge erscheinen zu lassen. Gehen Sie auf diese Weise Zeile für Zeile weiter. Ab und an wird Ihnen beim Aufblitzen, während Sie sich auf die nächste Textzeile gefasst machen, eine Dame oben ohne begegnen. Das Training wird also nicht eintönig. Nach etwas Übungszeit werden Sie in der Lage sein, diese Zeitung auf folgende Weise zu lesen. Sie setzen Ihren Finger in die Mitte der Spalte und ziehen ihn bis ans Ende gerade nach unten. Es bedarf keiner Seitwärtsbewegung Ihrer Lesehilfe, da ein Blicksprung pro Zeile genügt.

Wenn Sie das beherrschen, sollten Sie eine Zeitung nehmen, die im Schnitt vier oder fünf Wörter pro Zeile enthält. Die meisten Tageszeitungen haben diese durchschnittliche Spaltenbreite. In München besitzen zum Beispiel die „Abendzeitung" oder die „tz" dieses Format. Trainieren Sie mit Ihrer Karteikarte an diesen Zeitungen. Sehr schnell stellen vier oder fünf Wörter auf einen Blick kein Proble mehr für Sie dar.

Im nächsten Schritt können Sie die „Süddeutsche Zeitung" oder die „FAZ" zum Üben heranziehen. Pro Zeile haben diese im Schnitt fünf oder sechs Wörter. Auch die meisten Nachrichtenmagazine wie zum Beispiel der „Spiegel" oder der „Focus" besitzen dieses Format. Nach etwas Übung können Sie auch solche Texte mit einer gradlinigen Bewegung nach unten lesen. Dies gelingt Ihnen dann auch ohne den Einsatz Ihres Fingers. Sie fahren alleine mit Ihrem Auge über die Mitte der Spalte von oben nach unten und bekommen jedes Wort mit. Dadurch sparen Sie in Zukunft Unmengen an Zeit.

Schrittweise die Wanderstöcke ablegen

Behalten wir unser eigentliches Ziel vor Augen. Wir möchten wie die herausragenden Leser unsere Augen in wenigen Sprüngen über den Text führen. Hervorragende Leser sind nicht an eine Lesehilfe gebunden, sondern können auch ohne Führung mit hohen Geschwindigkeiten lesen. Für uns war es jedoch unerlässlich, unseren Augen zunächst eine Führung zu geben. Nur auf diese Weise konnten wir die Augenbewegungen schrittweise disziplinieren.

Zusätzlich zu den Übungen mit Lesehilfe, die nach wie vor wichtig sind, binden wir nun weitere Übungen in den Trainingsplan ein. Das Ziel ist eine Verbesserung Ihrer Augenbewegungen auch ohne Führung durch eine Lesehilfe. Die Übungen bereiten Sie darauf vor, diese „Krücke" wegzuwerfen und dennoch mit hohem Tempo und gutem Verständnis zu lesen. Wanderstöcke würden Sie auch nur behindern, umso näher Sie dem Gipfel rücken und umso steiler der Aufstieg wird. Hier ist freihändiges Klettern gefordert. Wie bereits erwähnt, bleibt die Lesehilfe aber dennoch ein gutes Mittel der Wahl, seine Konzentration beim Lesen zu erhöhen, sich selbst beim Lesen anzutreiben und den Karren ins Rollen zu bringen, wenn der Leseprozess einmal stockt.

Um in Zukunft ohne Lesehilfe schnell lesen zu können, müssen Sie sich zunächst bewusst angewöhnen, Ihre Augen je nach Zeilenlänge in zwei oder drei gleichmäßigen Sprüngen über die Zeile zu führen. Außer Sie lesen Zeitungsspalten. Dort genügt ein Sprung pro Zeile und es handelt sich nur noch um eine senkrechte Bewegung der Augen nach unten.

Die Trockenübungen

Wir führen diese Übungen zunächst als „Trockenübungen" ohne Text durch, damit Sie sich ganz auf die gleichmäßigen Blicksprünge konzentrieren können. Diese Blicksprung-Übungen führen Sie ohne den Einsatz Ihrer Lesehilfe durch. Gehen Sie mit Ihren Augen in zwei Sprüngen über die Zeile.

Fixieren Sie dazu ausschließlich die schwarzen Balken. Gewöhnen Sie sich einen gleichmäßigen Zwei-Sprung an. Wiederholen Sie diese Übung mehrmals und versuchen Sie, Ihre Augenbewegungen immer mehr zu beschleunigen. Beenden Sie die Zeilen in immer kürzerer Zeit. Beachten Sie nochmals, dass Sie für diese und die nächsten Übungen keine Lesehilfe einsetzen.

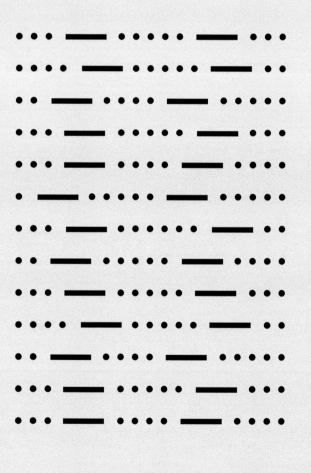

In der folgenden Übung gehen Sie in drei Sprüngen über die Zeilen. Gewöhnen Sie sich einen gleichmäßigen Drei-Sprung an. Wiederholen Sie auch diese Übung mehrmals und werden Sie bei jedem Durchgang schneller.

Sobald Sie Ihre Blickspanne einsetzen, werden Sie Bücher automatisch mit einem solchen Zwei- oder Drei-Sprung lesen. Bei Zeilenlängen mit bis zu acht Wörtern kommen Sie mit etwas Übung wahrscheinlich mit zwei Sprüngen pro Zeile aus. Bei Zeilenlängen ab neun Wörtern gehen Sie mit drei Sprüngen über die Zeile. Diese groben Richtwerte können jedoch je nach Lesekompetenz nach oben oder unten abweichen. Sie wählen mit der Zeit automatisch die richtigen Sprünge, ohne darüber nachdenken zu müssen. Für unser Training setzen wir diese Augenbewegungen zunächst ganz bewusst ein, damit diese schrittweise zur unbewussten Kompetenz werden. Diese Trockenübungen übertragen wir nun auf Text.

Die Übung am Text

Übertragen Sie diese Blicksprünge auf Ihr Übungsbuch. Gehen Sie bewusst in zwei oder drei Sprüngen über die Zeile, je nach Zeilenlänge. Wundern Sie sich nicht, wenn es Ihnen nicht sofort gelingt. Sie müssen sich erst an die neue Technik gewöhnen. Daher werden Sie zunächst weniger von dem verstehen, was Sie lesen. Das verbessert sich schrittweise. Zurzeit steht ausschließlich das Training Ihrer Augenbewegungen auch ohne Lesehilfe im Vordergrund.

Führen Sie vorher noch einmal die Trockenübung durch, sofern Sie Probleme mit den Blicksprüngen haben. Je nach Zeilenlänge Ihres Übungsbuches nehmen Sie entweder die Zwei-Sprung- oder die Drei-Sprung-Übung. Übertragen Sie diesen Rhythmus auf Ihr Übungsbuch und lesen Sie für mindestens 5 Minuten auf diese Weise. Wenn Sie eine längere Lesestrecke vor sich haben, ist es hilfreich, die Trockenübungen jeweils kurz durchzuführen. Sie erreichen viel leichter einen gleichmäßigen Leserhythmus von zwei oder drei Sprüngen. Bald benötigen Sie diese Übungen nicht mehr, da Sie automatisch in diesem Rhythmus lesen. Aber auf dem Weg dorthin leisten sie wertvolle Unterstützung.

Durch eine Ergänzung dieser Übung können Sie sich dabei unterstützen, das Subvokalisieren schrittweise abzustellen.

> **Eins – Zwei – Drei**
>
> Wie bereits erwähnt, reduzieren Sie das Subvokalisieren durch die bisherigen Übungen automatisch, ohne dass Sie sich bewusst anstrengen müssten. Bewusste Anstrengung während des normalen Lesens bzw. Widerstand würden nur Ihr Textverständnis beeinträchtigen. Dennoch können Sie den Prozess, die innere Stimme schrittweise auszublenden, beschleunigen. Durch die folgende Übung habe ich mich besonders schnell von dem Mitsprechen gelöst.
>
> Springen Sie in einem gleichmäßigen 3-Sprung ohne Lesehilfe über die Zeilen. Zählen Sie die Sprünge pro Zeile innerlich mit: „Eins" – „Zwei" – „Drei", „Eins" – „Zwei" – „Drei", und so fort. Lesen Sie für mindestens 5 Minuten. Sollten die Textzeilen entsprechend kürzer sein, gehen Sie in einem 2-Sprung über die Zeilen und zählen nur: „Eins" – „Zwei", „Eins" – „Zwei". Sie haben auf diese Weise keine Möglichkeit, den Text innerlich mitzusprechen. Versuchen Sie, so viel wie möglich zu verstehen. Das wird am Anfang nicht viel sein. Durch diese Übung stärken Sie jedoch Ihren visuellen Kanal. Sie zwingen sich, das auditive Signal auszublenden, wodurch Sie Texte schrittweise auch ohne Subvokalisieren immer besser verstehen. Sie entwickeln eine neue Gewohnheit.
>
>
>
> Trennen Sie klar zwischen Übungszeit und normalem Lesen. Bei letzterem dürfen Sie das Mitsprechen nicht bewusst unterdrücken. Andernfalls schaden Sie Ihrem Verständnis. Durch das richtige Training wird das Subvokalisieren auch beim normalen Lesen schrittweise abnehmen, ohne dass Sie sich darauf konzentrieren müssen.

Der Aufstieg zum Gipfel

Ich möchte Ihnen noch eine weitere Blicksprung-Übung vorstellen, die Sie fest in Ihren Trainingsplan aufnehmen sollten.

Der 3-Sprung

Gehen Sie ohne Lesehilfe in drei Sprüngen über den Text. Der Text ist dafür zur Unterstützung in drei Texteineinheiten pro Zeile aufgeteilt. Nehmen Sie jede Einheit mit nur einem Blicksprung auf. Tragen Sie die benötigte Zeit in die folgende Tabelle ein.

Wir haben uns über Jahrzehnte hinweg antrainiert, sofort auf einzelne Wörter zu springen. In der Schule haben wir uns langsam vorgearbeitet. Am Anfang haben wir nur einzelne Buchstaben, anschließend einzelne Silben und letztlich ganze Wörter aufgenommen. Für die Schulzeit ist das kein Problem, da es nur einige Seiten zu lesen gibt. Die Probleme treten jedoch in der Ausbildung und im Beruf auf. Besonders langsame Leser, die aus diesem Grund auch mit wenig Verständnis lesen, fixieren bei längeren Wörtern sogar nur einzelne Silben. Dieses Lesen Wort für Wort schränkt Sie nicht nur erheblich in Ihrer Lesegeschwindigkeit ein, sondern sorgt auch für ein schlechtes Verständnis. Nehmen wir an, Sie lesen das Wort "Ein". Damit kann Ihr Gehirn und vor allem Ihre rechte Gehirnhälfte nichts anfangen. Als zweites lesen Sie nun das Wort "kleiner". Ihr Gehirn muss dieses Wort zu dem ersten hinzurechnen und beide in Erinnerung behalten.

Dafür sind Millionen von chemischen Reaktionen in Ihrem Gehirn notwendig. Das Gehirn ist nur mit Rechenarbeit beschäftigt, erhält aber keine umsetzbaren Informationen. Denn was soll sich die rechte Gehirnhälfte auch für ein Bild machen von „Ein kleiner". Als drittes lesen Sie „grüner". Noch immer erschließt sich Ihnen nicht, worum es gehen könnte. Sie müssen dieses Wort wiederrum zu den ersten beiden hinzuaddieren und alle drei Wörter miteinander kombinieren. Noch einmal ermüdende Rechenarbeit, die keinen Sinn in das Lernen bringt. Als nächstes lesen Sie schließlich „Apfel". Erst jetzt ergibt sich der Zusammenhang und Ihr Gehirn kann sich ein Bild machen: „Ein kleiner grüner Apfel". Hat ein Satz zehn Wörter, dann sind beim Wort für Wort Lesen neun Additionen nötig. Ein guter Leser liest dagegen nach Bedeutungseinheiten. Durch die richtigen Blicksprünge und mit der richtigen Lesetechnik würde er die Bedeutungseinheit „Ein kleiner grüner Apfel" auf einmal aufnehmen. Er kann dazu bis zu vier, fünf Wörter in einem Sprung erblicken. Bei einem Satz mit zehn Wörtern muss das Gehirn somit nur ein oder zwei Additionen ausführen. Es bekommt endlich Informationen geliefert und ist nicht ausschließlich mit Rechenoperationen beschäftigt. Dadurch steigt das Verständnis. Außerdem braucht das Auge weniger Blicksprünge. Das Lesen ist somit weniger ermüdend...

> Gehen Sie nun wieder an den Anfang zurück und lesen Sie den Text ein weiteres Mal. Sie kennen diesen bereits. Setzen Sie sich das Ziel, Ihre Zeit aus dem ersten Durchgang zu verbessern. Beschleunigen Sie Ihre Augenbewegungen. Tragen Sie Ihre neue Zeit in die Tabelle ein. Führen Sie diese Übung ein drittes Mal durch. Verbessern Sie Ihre Zeit ein weiteres Mal.
>
> Kommen Sie immer wieder zu dieser Übung zurück. Das Ziel bleibt dasselbe. Reduzieren Sie die Lesezeit. Selbst wenn Sie glauben, dass keine weitere Verbesserung möglich ist. Versuchen Sie es weiterhin. Sie werden erstaunt sein, um wie viel schneller Sie noch werden können.
>
> | Datum | Zeit |
> |---|---|
> | | |

Circling – Das letzte Stück zum Gipfel

Das Zwischenplateau haben wir erreicht. Das steile und schwierige letzte Stück hinsichtlich der Lesegeschwindigkeit liegt noch vor uns. Das Geheimnis des Lesens in mehreren Zeilen. Erinnern Sie sich an die Augenbewegungen von herausragenden Lesern, die problemlos mit Geschwindigkeiten über 1.500 Wörtern pro Minute lesen, und das bei sehr gutem Verständnis. Der letzte Weltrekord beim Lesen lag bei über 3.800 Wörtern pro Minute. Bei diesen Meisterschaften steht das Verständnis im Vordergrund. Ansonsten gibt es erhebliche Abzüge bei der Geschwindigkeit.

Ich habe einige Zeit gebraucht, bevor ich die ideale Lösung gefunden habe, diese Leseweise zu trainieren. In vielen Seminaren und Büchern wird vorgeschlagen, in S-Kurven oder in anderen, völlig unsinnigen Formen über die Seite zu gehen. Wie ich selbst feststellen musste, kann man diese Übungen Wochen und Monate durchführen, ohne dass sich bemerkenswerte Fortschritte einstellen. Das Problem besteht darin, dass herausragende Leser bei der Weitergabe Ihrer Kenntnisse ausschließlich auf Ihre jetzige Vorgehensweise achten. In der Tat bewegen herausragende Leser Ihre Augen in dieser Weise über den Text. Wie bereits erwähnt, können wir unsere Blickspanne sowohl in horizontaler als auch in vertikaler Richtung einsetzen. Mit unserer fovealen Zone können wir Text ähnlich einem Spotlight abfahren. Dieses Spotlight muss man möglichst effektiv über die Seite führen.

Diese Bewegung einfach zu übernehmen, hat keinen Erfolg. Sie gehen dann zwar in S-Kurven sehr schnell über die Seiten. Aber Sie bekommen nur Schlüsselwörter aus einigen Zeilen mit. Denn Sie sind es gewohnt, Ihre Aufmerksamkeit auf nur eine Zeile zu richten. Zwar werden Sie nach einiger Übung auf diese Weise ein grobes Verständnis des Textes erhalten, da es Ihnen immer leichter fällt, die entscheidenden Schlüsselwörter aus dem Text zu „fischen". Das ist aber nicht unser Ziel. Es geht nicht darum, Wörter zu übersehen, sondern darum, auf diese Weise effektiv lesen zu können.

Um in mehreren Zeilen gleichzeitig lesen zu können, müssen Sie in der Lage sein, Ihre Aufmerksamkeit auf größere Flächen zu richten. Dafür ist Bewegung erforderlich, und zwar Bewegung über mehrere Zeilen hinweg. Denken Sie an Ihren natürlichen Instinkt. Fahren Sie dazu mit einem Stift in einer schnellen Kreisbewegung über mehrere Zeilen hinweg. Diese Bewegung sollte ungefähr drei bis vier Zeilen einschließen. Nutzen Sie auch den Rückwärtsschwung. Herausragende Leser setzen diese Rückwärtsbewegung ebenfalls zum Lesen ein. Wichtig ist, dass Sie diese Bewegung möglichst schnell ausführen, denn es soll Bewegung auf mehreren

Zeilen gleichzeitig entstehen. Die Vorwärts- bzw. die Rückwärtsbewegung sollen jeweils nur circa eine Sekunde dauern. Ich bezeichne diese Bewegung als „Circling".

> In vielen Seminaren und Büchern wird vorgeschlagen, in S-Kurven oder in anderen, völlig unsinnigen Formen über die Seite zu gehen. Wie ich selbst feststellen musste, kann man diese Übungen Wochen und Monate durchführen, ohne dass sich bemerkenswerte Fortschritte einstellen. Das Problem besteht darin, dass herausragende Leser bei der Weitergabe Ihrer Kenntnisse ausschließlich auf Ihre jetzige Vorgehensweise achten. In der Tat bewegen herausragende Leser Ihre Augen in dieser Weise über den Text.

Hierdurch verlassen Sie Ihre Komfortzone sehr weit. Sie werden am Anfang kaum etwas verstehen. Die entsprechenden Verknüpfungen im Gehirn müssen erst gebildet werden. Mittlerweile lassen Sie sich durch anfängliche Schwierigkeiten aber nicht mehr verunsichern, denn alleine die Anstrengung, irgendetwas mitzubekommen, ist entscheidend.

Selbstverständlich ist es nicht das Ziel, diese Kreisbewegungen während des normalen Lesens auszuführen. Wieder stellt diese Führung nur die Voraussetzung für das richtige Training dar. Diese Bewegung ist nur für die Übungszeit gedacht. Es ist daher erforderlich, das Circling mit einer anderen Bewegung zu kombinieren.

Die Circling-Übung

Nehmen Sie einen leichten Roman zur Hand, den Sie in Zukunft ausschließlich für diese Circling-Übung verwenden. Stecken Sie in diesem 20 Seiten ab. Gehen Sie mit der Circling-Bewegung schnell über diese Seiten. Versuchen Sie, während des Abfahrens, irgendetwas mitzubekommen. Lehnen Sie sich anschließend zurück und überprüfen Sie, ob Sie sich an etwas aus dem Text erinnern können, vielleicht an Orts- oder Eigennamen, die Ihnen ins Auge gesprungen sind. Vielleicht können Sie sich auch an überhaupt nichts erinnern. Dennoch ist die Anstrengung das Entscheidende. Daher sollten Sie sich schon vor dem Durchgang das Ziel setzen, sich anschließend zurückzulehnen und zu versuchen, etwas wiederzugeben. Mit diesem Ziel im Kopf wird es nicht so leicht passieren, dass Sie während der Übung abschalten. Sie bleiben aufmerksamer.

Gehen Sie nun wieder an den Anfang dieser 20 Seiten zurück. Legen Sie Ihre flache Hand auf die Seite und ziehen Sie diese in Seitwärtsbewegungen nach unten. Fahren Sie die 20 Seiten auf diese Weise ein zweites Mal ab. Versuchen Sie wiederum, etwas vom Text mitzubekommen, auch wenn es zunächst nur vereinzelte Wörter sein werden.

In vielen Seminaren und Büchern wird vorgeschlagen, in S-Kurven oder in anderen, völlig unsinnigen Formen über die Seite zu gehen. Wie ich selbst feststellen musste, kann man diese Übungen Wochen und Monate durchführen, ohne dass sich bemerkenswerte Fortschritte einstellen. Das Problem besteht darin, dass herausragende Leser bei der Weitergabe Ihrer Kenntnisse ausschließlich auf Ihre jetzige Vorgehensweise achten. In der Tat bewegen herausragende Leser Ihre Augen in dieser Weise über den Text.

> Die Bewegung, die Ihre Augen bei diesem zweiten Durchgang ausführen, entspricht mehr der Bewegung, die Sie bald beim normalen Lesen in mehreren Zeilen einsetzen werden. Dennoch ist der erste Durchgang der wichtigere, da Sie zunächst trainieren müssen, Ihre Aufmerksamkeit auf mehrere Zeilen gleichzeitig zu richten.

Zunächst wird es Ihnen unmöglich erscheinen, jemals auf diese Weise lesen zu können. Zumal die Bedeutungseinheiten nicht mehr in der vom Autor vorgesehenen Reihenfolge geliefert werden. Aber erinnern Sie sich an die Übung mit den vertauschten Buchstaben zu Beginn dieses Buches. Mit dem entsprechenden Training werden Sie auch vertauschte Bedeutungseinheiten während des Lesens im Kopf zusammensetzen können. Hätte man Ihnen den Text mit den vertauschten Buchstaben zu Beginn Ihrer Lesekarriere in den ersten Schuljahren vorgelegt, hätten Sie ein solches Lesen ebenfalls für unmöglich gehalten. Es hat sich schon einiges verändert. Gehen Sie diesen Weg nun weiter.

Bei diesem letzten Stück zum Gipfel befinden Sie sich aber auf einem fordernden Weg. In vielen Büchern und Seminaren wird oftmals das Blaue vom Himmel versprochen. Es erfordert jedoch viel Disziplin und Durchhaltevermögen, diesen Weg durchzuhalten. Erinnern Sie sich an die Lernplateaus. Bei dieser Übung werden sie sehr lang sein. Schrittweise werden Sie aber folgende Stufen durchlaufen: Zunächst nehmen Sie nur einzelne Wörter bewusst wahr. Es gelingt Ihnen immer besser, die entscheidenden Schlüsselwörter aufzunehmen. Plötzlich ist es Ihnen möglich, auf diese Weise der groben Handlung des Buches zu folgen. Als nächstes können Sie mit dieser Leseart immer mehr Details eines Buches wiedergeben. Ich selbst konnte erst ab dem Zeitpunkt auf diese Weise lesen, als ich Texte nicht mehr innerlich mitsprechen musste, um sie zu verstehen. Der beste Weg, dies abzustellen, ist die 1.000 wpm Übung.

Wie schnell Sie diese einzelnen Stufen überschreiten, lässt sich nicht exakt vorhersagen. Dies hängt von dem Talent ab, das Sie mitbringen.

Das Geheimnis erfolgreicher Menschen

Es wurde mehrfach untersucht, was genau zum Erfolg herausragender Menschen beigetragen hat. Man konnte zwei Gemeinsamkeiten feststellen, unabhängig davon, in welchen Bereichen diese Menschen erfolgreich waren.

Zum einen wurde festgestellt, dass diese Menschen ein klares Ziel vor Augen haben. Sie können bis ins Detail beschreiben, was sie erreichen wollen. Ein klares Ziel ist auch die wichtigste Voraussetzung für Motivation. Erstrebenswerte Ziele üben eine große Anziehungskraft aus. Dafür ist eine gute visuelle Vorstellungsfähigkeit von entscheidender Bedeutung. Womit wir wieder beim visuellen Kanal wären. Ein herausragendes Beispiel ist der Erfinder Nikola Tesla. Ihm wurde nachgesagt, dass er sich Maschinen, die er gerade entwickelte, im Geiste bis ins Detail vorstellen konnte. Auf diese Weise erkannte er, welche Stellen der größten Abreibung unterlagen und welche Verbesserungen noch vorgenommen werden mussten.

Die zweite Gemeinsamkeit ist eine hohe Frustrationstoleranz. Egal wie viele Rückschläge diese Personen auch erlitten haben, sie sind immer wieder aufgestanden und haben weiter gemacht. Ein gutes Beispiel hierfür ist Thomas Edison, der sich auch nach Hunderten von Fehlschlägen nicht von seinem Weg zur Verbesserung der Glühbirne hat abbringen lassen. Jede dieser Erfahrungen war für seinen Durchbruch entscheidend. Denn er hatte weitere Möglichkeiten kennen gelernt, die nicht zum Ziel führen. Daraus lässt sich eine Empfehlung ableiten: „Wenn Sie zu wenig Erfolg haben, dann erhöhen Sie die Geschwindigkeit, mit der Sie Fehler machen."

Der Aufstieg zum Gipfel

> Auf dem letzten Abschnitt zum Gipfel sind genau diese beiden Punkte entscheidend. Zum einen benötigen Sie ein klares Ziel. Warum möchten Sie wie die allerbesten Leser lesen können? Ist das Ziel mehr Freizeit oder möchten Sie mehr Geld verdienen? Nehmen Sie sich die Zeit und halten Sie möglichst viele Vorteile schriftlich fest. Klare Ziele, die man sich ständig bildhaft vor Augen führt, sind eine wichtige Voraussetzung, um durchzuhalten und motiviert zu bleiben. Zum anderen dürfen Sie sich nicht durch jeden Rückschlag entmutigen lassen. Diese hohe Frustrationstoleranz haben Sie schon mehrmals in Ihrem Leben gezeigt, so zum Beispiel beim Erlernen des Laufens. Selbst nachdem Sie zum hundertsten Male auf den Hosenboden gefallen sind, haben Sie nicht aufgegeben und sich auf das Krabbeln beschränkt.

Vielleicht erachten Sie die Mühen des letzten steilen Anstiegs für nicht lohnenswert, weil Sie Ihr Ziel bereits erreicht haben. Nicht jeder muss anstreben, mit weit über 1.000 Wörtern pro Minute lesen zu können. Für viele Seminarteilnehmer ist es ausreichend, dreimal so schnell lesen zu können. Wenn Sie den Großteil des Tages lesen, haben Sie dadurch zwei Drittel des Arbeitstages für andere Aktivitäten frei. Im Idealfall kann man diese Zeit als Freizeit genießen.

Mit einer Lesegeschwindigkeit von 400 Wörtern pro Minute lesen weniger als 1 Prozent aller Leser. Erstaunlich, wenn man bedenkt, wie wenig Training erforderlich ist, um dies zu erreichen. Sie würden daher mit 600 oder 700 Wörtern pro Minute zu einer noch viel kleineren Gruppe von Lesern gehören, und dafür müssen Sie das zeilenweise Lesen nicht einmal verlassen. Dies ist erst ab ca. 1.000 Wörtern pro Minute erforderlich.

Aber selbst wenn es nicht Ihr erklärtes Ziel sein sollte, in mehreren Zeilen zu lesen, sollten Sie die Circling-Übung in Ihr Training einbinden. Denn Sie verbessern dadurch Ihre Fähigkeit,

Texte schnell zu überfliegen und wichtige Schlüsselwörter zu erkennen. Sie sind dadurch in der Lage, Bücher in kurzer Zeit zu „scannen", um sich einen Überblick zu verschaffen und wichtige Stellen eines Buches von den unwichtigen zu unterscheiden. Diese Fähigkeit wird sich schon nach einigen Wiederholungen der Circling-Übung erheblich verbessern. Das Scannen ist für den Leseprozess mindestens genauso wichtig wie das eigentliche Lesen. Wie man das Scannen bei der Arbeit mit einem Buch optimal einsetzt, betrachten wir im Kapitel „Das Buch als Projekt" näher.

Zusammenfassung der Übungen

Wir haben bereits angesprochen, dass Sie sich für Ihr Lesetraining in den nächsten drei Wochen täglich 30 Minuten reservieren sollten. Zum jetzigen Zeitpunkt werden Sie schon einen Teil dieser drei Wochen hinter sich gebracht haben. Sie haben mehrere Übungen kennengelernt, um Ihre Trainingszeit zu füllen. Sie werden nicht jeden Tag jede Übung durchführen können. Wechseln Sie die Übungen daher ab. Damit Sie besser auswählen können, stelle ich die bisherigen Übungen an dieser Stelle im Überblick zusammen. Vergessen Sie am Ende eines jeden Trainingstages die **Abschlussübung (Seite 75)** nicht und halten Sie Ihre Verbesserungen im Diagramm fest.

Übungen zur Steigerung der Lesegeschwindigkeit mit Lesehilfe:

- 3-2-1 Übung (Seite 67)
- 2-2-2 Übung (Seite 87)
- 1.000 wpm Übung (Seite 88)

Übungen zur gezielten Vergrößerung der Blickspanne:

- Buchstaben-Baum (Seite 94)
- Training mit Tageszeitungen (Seite 96)

Übungen zur Verbesserung der Augenbewegungen auch ohne Lesehilfe:

- Trockenübungen (Seite 97)
- Übertragen dieser Sprünge auf Text (Seite 100)
- vorgefertigter 3-Sprung-Text (Seite 102)

Übung zur Reduzierung des Subvokalisierens:

- Eins – Zwei – Drei (Seite 101)

Übung zur Verbesserung des Scannens von Texten:

- Circling-Übung (Seite 107)

Sofern Sie dauerhaft in mehreren Zeilen gleichzeitig lesen möchten, müssen Sie für die Circling-Übung viel mehr Zeit einplanen. Dies wird sich nicht in drei Wochen einstellen. Das Lesen in mehreren Zeilen ist eine Fähigkeit, die man sein ganzes Leben verbessern kann.

Nach den ersten drei Wochen werden Sie sich auf ein Plateau vorgearbeitet haben, auf dem bereits Ihr normales Lesen einen Übungseffekt hat. Denn Sie setzen zu diesem Zeitpunkt Ihre natürliche Blickspanne in einem verstärkten Maße ein. Bestimmt haben Sie nach den drei Wochen Ihre Lieblingsübung(en) gefunden, mit deren Hilfe Sie die größten Fortschritte gemacht haben. Bauen Sie diese Übung(en) ab und zu in Ihren Alltag ein, sofern Sie an weiteren Verbesserungen interessiert sind. Zeit dafür haben Sie dank Ihrer neuen Lesefähigkeiten genug.

Ein letzter Blick auf die Landkarte

Ich möchte Ihnen als Zwischenstopp einen letzten Lesetest mit vorbereiteten Fragen anbieten, gewissermaßen, um sich davon zu verabschieden. Bauen Sie in Zukunft selbständig weitere Lesetests in Ihr Training ein. Nehmen Sie ähnlich lange Textabschnitte aus Ihren Übungsbüchern. Bestimmen Sie Ihr Textverständnis anhand Ihrer Fähigkeit, den Text in eigenen Worten wiedergeben zu können. Beim normalen Lesen werden Sie ebenfalls keine vorbereiteten Fragen vorfinden. Daher sind diese eigenen Lesetests für Ihr zukünftiges Training weitaus sinnvoller.

Irrtümer der Menschheit
von Christian Grüning

Jeder kennt sie, die Weisheiten, mit denen man immer wieder konfrontiert wird. Sei es, dass sich ein Stück Fleisch über Nacht in einem Glas Cola auflöst, Stiere „rot sehen" oder der Schlaf vor Mitternacht der gesündeste ist. Wer klopft nicht gerne mit dem Finger vor dem Öffnen auf den Deckel einer Getränkedose oder reibt ein Münzstück am Automaten.
    Bei allen diesen Weisheiten handelt es sich um Irrtümer. Unwahr ist auch, dass drei Hornissenstiche einen Menschen und sieben Stiche ein Pferd töten. Wahr bleibt nur, dass ein einziger Pferdebiss ausreicht, um eine Hornisse zu töten. Lassen Sie sich auch nichts von Leuten erzählen, die schon sprichwörtlich „Pferde vor der Apotheke haben kotzen sehen". Pferde können sich nicht erbrechen, denn sie haben keine Muskeln, um den Speisebrei rückwarts zu bewegen. Sie sparen auch keinen Strom, wenn Sie beim kurzfristigen Verlassen eines Raumes das Licht brennen lassen, anstatt es aus- und kurz danach wieder anzuschalten. Sie können das Alter von Marienkäfern nicht an den Punkten abzählen. Auch stecken Strauße bei Gefahr nicht ihren Kopf in den Sand, die chinesische Mauer können Sie vom Mond nicht mit blosem Auge

erkennen und der Badewannenstrudel dreht sich auf der Südhalbkugel nicht andersherum als auf der Nordhalbkugel. Und auf dem Mount Everest können Sie sehr wohl ein Ei kochen.

Wenden wir uns einigen besonders hartnäckigen Irrtümern etwas genauer zu.

Das Reiben einer Münze am Automaten

Haben Sie auch schon einmal eine durchfallende Münze am Automaten gerieben? Laut dem Geschäftsleiter des Bundesverbandes der deutschen Warenautomatenaufsteller Nikolaus Ganske hat dies keine Auswirkungen auf die Annahme des Geldstücks. Die entscheidende Stelle eines Automaten, die über die Annahme oder den Auswurf eines Geldstücks entscheidet, ist der Münzprüfer. Dieser überprüft die eingeworfene Münze auf ihre Abmessungen, ihr Gewicht und ihren Anteil magnetisierbarer Metalle. Durch das Schaben werden diese Eigenschaften nicht beeinflusst. Ein Beschwörungstanz vor dem Automaten hätte daher dieselbe Wirkung wie das Reiben der Münze.

Warum scheint das Reiben aber dennoch zu helfen? Dies hat mit unserer verzerrten Wahrnehmung von Wahrscheinlichkeiten zu tun. Nehmen wir an, wir werfen eine leicht fehlerhafte Münze in den Automat, die mit einer neunzigprozentigen Wahrscheinlichkeit angenommen wird. Nimmt der Automat die Münze an, macht man sich keine weiteren Gedanken und der erfolgreiche Versuch fällt aus unserer Beobachtung heraus. Erst wenn die Münze wieder herauskommt, setzt der Reflex des Reibens ein. Es ist sehr unwahrscheinlich, dass die Münze ein zweites Mal in den Rückgabeschacht fällt, unabhängig davon, ob diese zuvor gerieben wurde oder nicht. Dennoch wird der Erfolg dem Reiben zugeschrieben.

Durch die starken Beschädigungen der Automaten sah sich die Industrie veranlasst, Maßnahmen zum Schutz des Gehäuses und der Lackierung zu ergreifen. Die Automaten wurden mit einem beständigen Stahlblech ausgerüstet. Die dadurch beim Reiben entstehenden Stahlfetzen geben den Schabern jedoch erst recht das Gefühl, dass diese Methode wirkungsvoll ist. Seitdem reibt fast jeder instinktiv. Viele Automatenaufsteller gingen dazu über, auf ihren Automaten eine Reibefläche anzubringen. Die Benutzer sehen darin eine Aufforderung, ihre Münzen an dieser Stelle zu reiben und eine Bestätigung ihrer Theorie. Dabei wurden diese Platten nur angebracht, um die hässlichen Kratzer zu vermeiden.

Manche Menschen mit Zahnplomben können Radio empfangen

Immer wieder wurde über Menschen berichtet, die angeblich mit ihren Zahnplomben Radio empfangen können. Die New York Times berichtete 1934 über einen in Brasilien lebenden Ukrainer, der sich über den ständigen Radioempfang in seinem Kopf beschwerte. Wissenschaftler halten einen Radioempfang über Zahnfüllungen jedoch für unmöglich, denn für den Empfang von Rundfunk im Kopf müssten einige Voraussetzungen erfüllt sein.

Zunächst müssen die elektromagnetischen Wellen über eine Antenne aufgenommen werden. Zwar können Zahnplomben durchaus als Schwingungskreise funktionieren, jedoch sind sie für den Radioempfang eigentlich zu klein.

Schwieriger wird es schon hinsichtlich der Umwandlung der Radiowellen. Diese schwingen nämlich in einer viel höheren Frequenz als der Schall. Zum Empfang des Radioprogramms benötigen wir daher einen Demodulator. Ansonsten empfangen wir nur die Energie der Welle. Für diese Umwandlung müsste im Mund eine Art Diode vorhanden sein.

Aber selbst wenn diese Umwandlung in einer Zahnfüllung möglich wäre, müssten die Signale zusätzlich über einen Lautsprecher wiedergegeben werden. Einen solchen trägt man für gewöhnlich nicht im Mund.

Darüber machte sich die New York Times in ihrem Bericht aber keine Gedanken, sondern schrieb: „In diesen harten Zeiten, in denen viele sich ein Radio wünschen, es sich aber nicht leisten können, sollte dieser Ukrainer eigentlich froh sein." Stattdessen beklagte er sich über Schlafstörungen. Es bleibt dennoch abzuwarten, ab wann die GEZ für Zahnplomben die volle Rundfunkgebühr verlangt.

Der Massenselbstmord der Lemminge

Weit verbreitet ist auch der Irrtum, dass Lemminge kollektiven Selbstmord begehen, indem sie sich ins Meer stürzen. Dazu hat insbesondere der Disney-Film „White Wilderness" („Abenteuer in der weißen Wildnis") aus dem Jahre 1958 beigetragen. In diesem Film wird der angebliche Massensuizid der Lemminge dargestellt.

Nach den Angaben des Journalisten Brian Vallee, der für das kanadische Fernsehen der Entstehung dieses Filmes auf den Grund ging, haben die Tierfilmer nachgeholfen, um die Legende des Massenselbstmordes publikumswirksam ins Bild zu setzen. Seinen Angaben nach fanden die Dreharbeiten im kanadischen Bundesstaat Alberta statt, in dem es überhaupt keine Lemminge gibt. Die Lemminge wurden vielmehr Eskimokindern in Manitoba abgekauft und an den Drehort gebracht. Es wurde eigens eine große, schneebedeckte Drehscheibe hergestellt. Auf dieser rotierenden Scheibe wurden die armen Tiere schließlich aus allen möglichen Kameraeinstellungen gefilmt. Was wie ein Strom aus Lemmingen erscheint, ist nichts als eine Schleife mit immer denselben Tieren.

Vom angeblichen Todesinstinkt getrieben, sieht man die Lemminge schließlich in die Schlucht eines Flusstales fallen. Nach Vallees Untersuchungen wurden die lebensfrohen Lemminge jedoch von den Disney-Filmemachern in den Abgrund geschubst. Dies wird im Film mit den bedächtigen Worten kommentiert: „Die Lemminge erreichen den tödlichen Abgrund. Dies ist die letzte Chance zur Umkehr. Aber sie laufen weiter und stürzen sich in die Tiefe."

Am Schluss sieht man die sterbenden Tiere im Wasser treiben. Diese Szene wird mit den folgenden Worten kommentiert: „Langsam schwinden die Kräfte, die Willenskraft lässt nach und der Arktische Ozean ist übersät mit den kleinen toten Leibern." An der Willenskraft hat es bestimmt nicht gelegen. Aber gegen einen Massenmord im Auftrag der Filmindustrie hatten auch die Lemminge keine Chance.

Zwar entspricht es der Wahrheit, dass die Zahl der Lemminge, die zu den Wühlmäusen zählen, im Vier-Jahres-Rhythmus stark schwankt. Massenwanderungen oder gar Selbstmorde gibt es jedoch nicht. Es gibt kaum natürliche Bilder, auf denen mehr als drei Lemminge zu sehen sind. Die starken Schwankungen erklären die Forscher durch das Verhalten der vier Raubfeinde der Wühlmäuse: das Hermelin, den Polarfuchs, die Schnee-Eule und die Falken-Raubmöwe. Da die Verbreitung der Lemminge zeitweise stark abnimmt, entstand die Vorstellung von Massenwanderungen der Lemminge infolge von Nahrungsknappheit.

Zudem kommt es vor, dass Lemminge, die an sich gute Schwimmer sind, beim Durchschwimmen eines Gewässers an Überanstrengung eingehen. Durch die Strömungsverhältnisse ist es möglich, dass an einer Stelle mehrere tote Lemminge angeschwemmt werden. Dies hat den Volksglauben an das Massensterben bestätigt.

„Eichen sollst Du weichen, Buchen sollst Du suchen."

Vielleicht noch ein lebensrettendes Dementi zum Abschluss. Der Spruch „Vor Eichen sollst Du weichen, Buchen sollst Du suchen" ist falsch. Nach den Angaben der Schutzgemeinschaft Deutscher Wald werden bei Gewitter alle Bäume gleich häufig getroffen. Der Blitzschlag wird bei unterschiedlichen Bäumen aufgrund des unterschiedlichen Wasser- oder Ölgehalts lediglich unterschiedlich sichtbar. Für den Schutzsuchenden ist die Gefahr jedoch gleich groß. Bei Gewitter sollte man Bäume auf jeden Fall meiden. Am sichersten ist man auf dem freien Feld. Am besten in eine Mulde hocken und die Füße dicht beieinander lassen.

Wahre Weisheiten

Andere Weisheiten sind dagegen wahr, zum Beispiel die Behauptung, dass Gähnen ansteckend ist, dass Konservengläser sich nach einem Schlag besser öffnen lassen oder dass Oralverkehr in den USA in 16 Staaten gesetzlich verboten ist. Ebenso stimmt es, dass die rote Farbe im Campari durch gemahlene Läuse entsteht, Alkoholaufnahme per Strohhalm besser „wirkt" und Kurzsichtige im Durchschnitt bis zu 10 Punkte mehr beim IQ-Test schaffen als „Nicht-Brillenträger". Heißes Wasser gefriert nachweislich schneller als kaltes Wasser und Japaner werden schneller betrunken als Europäer, denn die meisten Asiaten verfügen nicht über das alkoholabbauende Enzym A1DH.

Kühe geben bei klassischer Musik auch mehr Milch. Die Landesvereinigung der Milchwirtschaft Nordrhein-Westfalen führte anlässlich des „Internationalen Tages der Milch" auf drei Bauernhöfen mit 180 Kühen einen Versuch durch. Neben einem normalen Kontrolltag wurden die Kühe an den Folgetagen mit unterschiedlichen Musikstilen beschallt. Der Wissenschafts-Journalist Christoph Drösser gibt an, dass die Kühe bei Mozarts „Kleiner Nachtmusik" 0,6 Prozent mehr Milch gaben. Volksmusik war eher abschreckend. Bei „Herzilein" von den Wildecker Herzbuben rückten sie 2,5 Prozent weniger Milch raus.

Ihre Lesezeit:

_____ Minuten _____ Sekunden = _____ **Sekunden**

Bitte beantworten Sie die folgenden Fragen in Stichpunkten:

1. Sind die folgenden Weisheiten wahr oder unwahr?

	wahr	unwahr
Alkohol per Strohhalm wirkt besser	☐	☐
Asiaten sind schneller betrunken	☐	☐
Kurzsichtige sind im Schnitt klüger	☐	☐
Stiere sehen rot	☐	☐
Auf dem Mount Everest kann man kein Ei kochen	☐	☐
Im Campari sind Läuse	☐	☐
Oralverkehr ist in den USA in 16 Staaten verboten	☐	☐
Strauße stecken den Kopf in den Sand	☐	☐
Schlaf vor Mitternacht ist der gesündeste	☐	☐
Gähnen ist ansteckend	☐	☐
Cola löst über Nacht Fleisch auf	☐	☐
Klopfen auf der Dose hilft	☐	☐
Heißes Wasser gefriert schneller als kaltes	☐	☐
Licht anlassen spart beim kurzen Verlassen des Raumes Strom	☐	☐
Ein Schlag auf den Konservenglasboden hilft	☐	☐
Drei Hornissenstiche töten einen Menschen	☐	☐
Das Alter von Marienkäfern ergibt sich aus den Punkten	☐	☐
Der Badewannenstrudel dreht sich auf der Südhalbkugel anders herum	☐	☐
Die chinesische Mauer kann man vom Mond mit bloßem Auge erkennen	☐	☐

2. Welche vier Irrtümer wurden genauer unter die Lupe genommen?

3. Welche drei Eigenschaften einer Münze prüft der Münzprüfer?

4. Warum glauben wir, dass das Reiben der Münze am Automaten hilft?

5. Wie trägt die Industrie ungewollt dazu bei, den Irrtum über das Reiben zu verstärken?

6. Welche Zeitung berichtete über den Empfang per Zahnplombe?

7. Welche drei Voraussetzungen müssen für den Radioempfang gegeben sein?

8. Auf welche Weise wurde in dem Disney-Film der Wahrheit „nachgeholfen"?

9. Wodurch wurde der Irrglaube an den Massenselbstmord der Lemminge sonst noch hervorgerufen?

10. Bei welcher Musik gaben Kühe besonders viel Milch, bei welcher besonders wenig?

Der Aufstieg zum Gipfel

Antworten:

1. Sind die folgenden Weisheiten wahr oder unwahr?

	wahr	unwahr
Alkohol per Strohhalm wirkt besser	☒	☐
Asiaten sind schneller betrunken	☒	☐
Kurzsichtige sind im Schnitt klüger	☒	☐
Stiere sehen rot	☐	☒
Auf dem Mount Everest kann man kein Ei kochen	☐	☒
Im Campari sind Läuse	☒	☐
Oralverkehr ist in den USA in 16 Staaten verboten	☒	☐
Strauße stecken den Kopf in den Sand	☐	☒
Schlaf vor Mitternacht ist der gesündeste	☐	☒
Gähnen ist ansteckend	☒	☐
Cola löst über Nacht Fleisch auf	☐	☒
Klopfen auf der Dose hilft	☐	☒
Heißes Wasser gefriert schneller als kaltes	☒	☐
Licht anlassen spart beim kurzen Verlassen des Raumes Strom	☐	☒
Ein Schlag auf den Konservenglasboden hilft	☒	☐
Drei Hornissenstiche töten einen Menschen	☐	☒
Das Alter von Marienkäfern ergibt sich aus den Punkten	☐	☒
Der Badewannenstrudel dreht sich auf der Südhalbkugel anders herum	☐	☒
Die chinesische Mauer kann man vom Mond mit bloßem Auge erkennen	☐	☒

Antworten zum Lesetest

2. Welche vier Irrtümer wurden genauer unter die Lupe genommen?

   - das Reiben einer Münze am Automaten
   - der Radioempfang per Zahnplombe
   - der Massenselbstmord der Lemminge
   - die „Gewittertauglichkeit" von Buchen

3. Welche drei Eigenschaften einer Münze prüft der Münzprüfer?

   - Abmessung
   - Gewicht
   - Anteil magnetisierbarer Metalle

4. Warum glauben wir, dass das Reiben der Münze am Automaten hilft?

   Aufgrund der verzerrten Wahrnehmung von Wahrscheinlichkeiten. Der erfolgreiche erste Versuch fällt aus der Beobachtung heraus. Ein erfolgreicher zweiter Versuch wird dem Reiben zugeschrieben.

5. Wie trägt die Industrie ungewollt dazu bei, den Irrtum über das Reiben zu verstärken?

   - durch den Schutz der Automaten aus Stahl (die Stahlfetzen geben ein Gefühl der „Wirkung")
   - durch das Anbringen von Reibeflächen

6. Welche Zeitung berichtete über den Empfang per Zahnplombe?

   Die „New York Times"

7. Welche drei Voraussetzungen müssen für den Radioempfang gegeben sein?

   - eine Antenne für den Empfang der Wellen
   - ein Demodulator für die Frequenzumwandlung
   - ein Lautsprecher für die Wiedergabe

Der Aufstieg zum Gipfel

8. Auf welche Weise wurde in dem Disney-Film der Wahrheit „nachgeholfen"?

- die Lemminge wurden aus anderen Regionen abtransportiert
- es wurde eine schneebedeckte Drehscheibe eingesetzt
- die Lemminge wurden in den Abgrund gestoßen

9. Wodurch wurde der Irrglaube an den Massenselbstmord der Lemminge sonst noch hervorgerufen?

- die Zahl der Lemminge schwankt im Vier-Jahres-Rhythmus sehr stark
- durch das Strömungsverhalten kann es vorkommen, dass an bestimmten Stellen mehrere tote Lemminge angeschwemmt werden

10. Bei welcher Musik gaben Kühe besonders viel Milch, bei welcher besonders wenig?

- viel Milch bei Mozarts „Kleiner Nachtmusik" (0,6 Prozent mehr)
- wenig Milch bei „Herzilein" von den Wildecker Herzbuben (2,5 Prozent weniger)

Ihr Textverständnis: _____ %

Ihre Lesegeschwindigkeit:

84.120 : _____ (Lesezeit in Sekunden) = _____ **wpm**

Antworten zum Lesetest

Die Großmeister des Schreibens und Denkens

Zum Abschluss des Kapitels über die Lesegeschwindigkeit möchte ich kurz ansprechen, bei welchen Büchern der Blick auf die Geschwindigkeit unangebracht ist. Dies hatte auch Francis Bacon im Blick, als er einen der wichtigsten Sätze über das Lesen verfasste:

„Some books are to be **tasted**, others to be **swallowed**, and some few to be **chewed** and **digested**. "

Vergleichen Sie Bücher mit einem Wein. Einige Bücher verdienen es, dass man von Ihnen nur „probiert" (tasted) und sie gleich wieder beiseite stellt. Nach einem Überfliegen werden Sie feststellen, dass sich ein Lesen dieses Buches nicht lohnt. Bei etwas besseren Büchern werden Sie der Ansicht sein, dass es sich lohnt diese Bücher in einem Zug „hinunterzuschlucken" (swallowed). Sie sind zwar auf der Suche nach bestimmten Informationen, sobald Sie diese aber aus dem Buch gezogen haben, wäre jede weitere Beschäftigung Zeitverschwendung. Wenn es sich um ein gutes Buch handelt, werden Sie es gut „durchkauen" (chewed) wollen, da Sie sich neben reinen Informationen auch Einsichten oder eine Verhaltensänderung erhoffen. Besonders für diese Bücher eignet sich die Vorgehensweise aus dem Kapitel „Das Buch als Projekt".

Kommen wir nun zu den Büchern, die auch „verdaut" (digested) werden wollen. Es handelt sich hierbei um zeitlose Bücher von besonderer Qualität. Diese Bücher liegen zunächst außerhalb der Reichweite eines jeden Lesers. Genau solche Bücher sollten Sie von Zeit zu Zeit „zu sich nehmen", um zu wachsen und Ihr analytisches Lesen zu verbessern. Man kann zu solchen Büchern immer wieder zurückkehren und wird überrascht sein, immer wieder neue Einsichten zu erhalten, obwohl man zwischenzeitlich glaubte, das Buch verstanden zu haben. Aus solchen Büchern kann man ein Leben lang lernen.

Gönnen Sie sich daher genügend Unterbrechungen, um den Text zu verinnerlichen. Die Zeit, die Sie für die Durcharbeit dieser

Bücher benötigen, spielt eine untergeordnete Rolle. Beachten Sie jedoch, dass höchstens ein Buch aus 100.000 Büchern diese Qualität hat. Wahrscheinlich sind es noch weitaus weniger. Dennoch würde ich sogar solche herausragenden Bücher zunächst mit hoher Geschwindigkeit von Anfang bis Ende ohne Zwischenstopp lesen, um den Gesamtüberblick zu erhalten. Die anschließende, vertiefte Bearbeitung wird auf diese Weise viel leichter fallen.

Im Anhang auf Seite 203 finden Sie eine Liste mit 25 Büchern, die entweder die Welt verändert haben oder wegen ihrer Unerreichbarkeit und literarischen Größe in die Geschichte der Weltliteratur eingegangen sind. Natürlich ist dies nur ein kleiner Ausschnitt aus der Menge der herausragenden Bücher. Daher bietet eine solche Auswahl auch immer Anstoß zur Kritik. Dennoch soll diese Liste eine erste Orientierung bieten, sofern Sie sich in Bücher von Weltrang einarbeiten möchten und auf der Suche nach einem Einstieg sind.

Punkte, die Sie in Erinnerung behalten sollten:

- Die Aufgabe Ihrer Augen besteht darin, auf Bewegung zu achten. Führen Sie Ihre Augen daher mit einer Lesehilfe über die Zeilen.

- Gute Leser müssen den Text nicht innerlich mitsprechen, um ihn zu verstehen. Sie begrenzen Ihre Lesegeschwindigkeit nicht durch Ihre Sprech-, sondern nur durch Ihre Denkgeschwindigkeit. Zudem können Sie wichtige Wörter durch Betonung hervorheben.

- Sie müssen daher in den Übungszeiten schneller lesen, als Sie mitsprechen können. Nutzen Sie folgende Übungen, um Ihre Komfortzone zu verlassen:

    - 3-2-1 Übung
    - 2-2-2 Übung
    - 1.000 wpm Übung

- Außerhalb der Übungszeit lesen Sie jedoch immer nur so schnell, wie es Ihr Leseziel erlaubt.

- Trainieren Sie zusätzlich den Einsatz Ihrer natürlichen Blickspanne. Hierbei helfen Ihnen folgende Übungen:

    - Übung am Buchstaben-Baum
    - Übung an Tageszeitungen

- Lernen Sie, auch ohne Lesehilfe zügig zu lesen. Gehen Sie in zwei bzw. drei gleichmäßigen Sprüngen über die Zeilen. Nutzen Sie dazu die Trockenübungen und übertragen Sie die Augenbewegung auf den Text.

- Protokollieren Sie am Ende eines Trainings Ihre Verbesserungen im Fortschrittsdiagramm. Machen Sie dazu die Abschlussübung.

- Sie brauchen viel Geduld und Übung, um in mehreren Zeilen gleichzeitig lesen zu können. Die Circling-Übung bereitet Sie darauf vor.

Fragen,

die Sie im Hinterkopf behalten sollten:

- ➲ Wie stelle ich beim Lesen die Weitsicht ein?

- ➲ Welchen Punkt sollte ich beim Lesen fokussieren?

- ➲ Welche Auswirkungen hat Stress auf meine Lesefähigkeit?

- ➲ Wie lese ich in einem Zustand entspannter Wachheit?

- ➲ Wie steigere ich meine Konzentration beim Lesen?

Steigern Sie Ihre Konzentration beim Lesen

II. Steigern Sie Ihre Konzentration beim Lesen

Für ein Lesen nach Bedeutungseinheiten und insbesondere für ein Lesen in mehreren Zeilen ist es von entscheidender Bedeutung, dass Sie mit „Weitwinkel" lesen. Schalten Sie die Kamera in Ihren Augen auf die Panoramasicht um, und das sowohl in horizontaler als in vertikaler Hinsicht. Es gibt eine einfache Übung, mit der Sie sich in diesen Zustand versetzen können.

George Miller hat bereits 1956 in seiner Veröffentlichung „The magical number seven" dargelegt, dass man nur 7±2 Informationseinheiten auf einmal wahrnehmen kann. Wenn Sie jemanden nach dem gestrigen Tag fragen, würde er sehr wahrscheinlich fünf bis neun einzelne Ereignisse aufzählen. Dasselbe ergibt sich, wenn Sie nach dem letzten Monat fragen. Sie würden als Antwort ebenfalls höchstens fünf bis neun Ereignisse erhalten. Wegen dieser Begrenzung haben sich die amerikanischen Telefongesellschaften für siebenstellige Telefonnummern entschieden.

Gemäß neueren wissenschaftlichen Untersuchungen sollte man eine dieser sieben Aufmerksamkeitseinheiten an einem bestimmten Punkt festmachen, um die restlichen Einheiten besser auf die eigentliche Tätigkeit ausrichten zu können. Es bleibt aber die Frage, wo sich dieser ideale Punkt beim Lesen befindet.

Ihr Epizentrum des Lesens

Es ist Ron Davis zu verdanken, dass das Wissen um diesen optimalen Aufmerksamkeitspunkt für das Lesen wiederbelebt und verbreitet wurde. Das Epizentrum für effektives Lesens befindet sich an Ihrem Hinterkopf, an der Stelle, an der sich der Hinterkopf wölbt.

In zahlreichen Untersuchungen wurde nachgewiesen, dass gute Leser einen steten Aufmerksamkeitspunkt an dieser Stelle haben. Dagegen springen schlechte Leser mit Ihrem Aufmerksamkeitspunkt umher und richten ihn nicht an einer festen Stelle aus. Aber auch diese Erkenntnisse sind wiederum so alt wie die Kulturgeschichte der Menschheit. Schon die chinesische Denkkappe oder die Narrenkappe waren Hilfsmittel, um die Aufmerksamkeit auf die richtige Stelle am Hinterkopf zu richten. Wenn Sie über etwas nachdenken, haben Sie sich bestimmt auch schon häufiger am Hinterkopf gekratzt.

Durch die Konzentration auf diesen Punkt versetzen Sie sich in einen Zustand entspannter Wachheit, und Konzentration und Entspannung sind bis zu einem gewissen Grad ein und dasselbe. Dazu müssen Sie sich nur überlegen, was das Gegenteil von Konzentration ist. In diesem Zustand springen Ihre Gedanken unruhig umher. Man bereut Ereignisse aus der Vergangenheit oder sorgt sich um Zukünftiges. In der Gegenwart ist man nur selten. Dies macht auf Dauer müde und raubt Unmengen von Energie. An solchen Tagen werden Sie sich abends ziemlich erschöpft fühlen, auch wenn Sie unter Umständen nicht viel gearbeitet haben.

Konzentration dagegen bedeutet, seine Gedanken an einem Punkt festzumachen. Ihre Gedanken werden dann nicht planlos umherspringen. Dies schafft Energie aber auch Entspannung. Sie gewinnen aus einer Tätigkeit Energie, wenn Sie völlig in dieser aufgehen und wenigstens zeitweise alles um sich herum vergessen. An solchen Tagen fühlen Sie sich abends voller Energie und erholt, auch wenn Sie viel gearbeitet haben.

Adrenalin – Ein Kampfhormon

Sie geraten immer dann in Stress, wenn Sie sich überfordert fühlen, wenn die Anforderungen Ihre persönliche Leistungsfähigkeit übersteigen. Ihre Nebennieren schütten große Mengen an Stresshormonen in den Blutkreislauf. Ihr Adrenalinspiegel steigt.

Adrenalin wird auch als Kampfhormon bezeichnet, denn Adrenalin ist in vielen Situationen überlebensnotwendig. Versetzen Sie sich in die Lage unserer Vorfahren, der Höhlenmenschen. Bei einem Streifzug durch den Wald springt plötzlich ein Säbelzahntiger aus dem Busch. Dies ist eine Situation, die unseren Höhlenmenschen überfordert. Automatisch wird Adrenalin produziert. Es sorgt für eine Beschleunigung des Herzschlags und dadurch für eine stärkere Durchblutung und eine verbesserte Muskelreaktion. Zudem werden Fett- und Zuckerreserven mobilisiert. Man bereitet sich auf Kampf oder Flucht vor. Adrenalin blockiert außerdem die Kommunikation zwischen Ihren Gehirnzellen. Bestimmte Neurotransmitter, die für das Denken zuständig sind, werden nicht mehr bereitgestellt. Je mehr Adrenalin Sie im Körper haben, desto weniger denk- und aufnahmefähig sind Sie. Für das Überleben ist dies sinnvoll. Sie sollen nicht darüber nachdenken, ob es Sinn machen würde, mit dem Säbelzahntiger zu reden oder ihm Blumen anzubieten. Sie sollten direkt kämpfen oder fliehen.

Heutzutage bestehen die Herausforderungen weniger in Säbelzahntigern als in Prüfungen, Präsentationen, Ehepartnern, Vorgesetzten, schwierigen Texten, etc. In diesen Situationen ist eine Blockierung des Denkens aber schädlich. Um diese Probleme zu meistern, müssen Sie gerade Ihre Denkfähigkeit einsetzen. Ein weiteres Mal wird uns der Überlebenstrieb beim Lesen zum Verhängnis, es sei denn, wir integrieren diesen angemessen in den Leseprozess.

Die beste Vorsorge gegen Stress beim Lesen haben Sie bereits getroffen. Umso besser Ihre Lesefähigkeit ist, desto weniger überfordert fühlen Sie sich und desto geringer ist Ihr Adrenalinspiegel beim Lesen. Dies ist die beste Stressprävention. Dennoch werden Sie sich auch in Zukunft durch manche Texte überfordert fühlen. Oftmals hat die Ursache des Stresses auch nichts mit dem Buch zu tun, das Sie lesen möchten. Sie benötigen daher eine Strategie, wie Sie das überschüssige Adrenalin schnell wieder loswerden. Sie könnten unmittelbar kämpfen oder fliehen, denn durch Bewegung wird Adrenalin abgebaut. Doch bringt es wenig, mit einem Buch bewaffnet auf Ihren Vorgesetzten loszustürmen. Genauso wenig hilft Ihnen die Flucht ins Grüne in diesem Moment weiter.

Sie können Ihr Adrenalin aber ebenso gut durch Entspannung abbauen. Die optimale Vorgehensweise während des Leseprozesses werden Sie mit der folgenden Golfball-Übung kennenlernen. Es gibt aber noch eine weitere, viel angenehmere Möglichkeit, Adrenalin abzubauen. Unternehmen Sie Dinge, die Ihnen Spaß bereiten. Dadurch wird, wissenschaftlich nachgewiesen, Adrenalin abgebaut, denn Sie erzeugen in Ihrem Körper Endorphine. Diese Stoffe können Sie nicht kaufen. Es handelt sich um körpereigene Opiate. Diese Botenstoffe neutralisieren Adrenalin. Lassen Sie es sich also gut gehen. Sie betreiben dadurch die ideale Stressprävention. Insbesondere wenn Sie sich über längere Zeiträume auf eine Prüfung vorbereiten, sollten Sie Belohnungen für den Abend einplanen. Diese treiben Sie zusätzlich an.

Spätestens wenn Sie sich auf dem letzten Stück zum Gipfel befinden, ist der Grad an Entspannung das entscheidende Kriterium für Ihren Leseerfolg. Das muss ich jeden Tag erneut erfahren. Ob es mir gelingt, in mehreren Zeilen gleichzeitig mit gutem Verständnis zu lesen, hängt hauptsächlich davon ab, wie entspannt und wohl ich mich fühle.

Wenn Sie sich beim Lesen auf diesen Punkt am Hinterkopf konzentrieren, versetzen Sie sich in einen Zustand der entspannten Wachheit. Ihr Blickfeld weitet sich und das Erfassen von Bedeutungseinheiten fällt Ihnen leichter. Ihre Augenbewegungen werden fließender. Die gesteigerte Aufnahmefähigkeit und die verbesserte Konzentration sorgen für eine bessere Erinnerung an den Text.

Installieren Sie den Entspannungs-Reflex

Mit der folgenden Übung können Sie sich unmittelbar in den Zustand der entspannten Wachheit versetzen. Schieben Sie diese Übung immer dann ein, wenn Sie sich müde fühlen oder Ihre Konzentration beim Lesen nachlässt. Wenn Sie sich durch den Lesestoff überfordert fühlen oder Sie Anzeichen von Anspannung verspüren, wie zum Beispiel leichte Kopf- oder Rückenschmerzen, ist der Zeitpunkt gekommen, Ihr Lesen für diese Übung kurz zu unterbrechen. Sie werden anschließend klar und erfrischt weiter lesen können. Als hätten Sie sich einen erholsamen Mittagsschlaf gegönnt. Binden Sie diese Übung zudem regelmäßig in Ihren Leseprozess ein. Sie betreiben dadurch die beste Prophylaxe, um beim Lesen auf Dauer leistungsfähig zu bleiben und Ermüdungserscheinungen zu vermeiden.

Die Golfball-Übung

Lehnen Sie sich zurück und schließen Sie die Augen. Atmen Sie durch die Nase ein und zählen Sie dabei langsam bis 3. Atmen Sie durch den Mund aus und zählen Sie dabei bis 4. Lassen Sie beim Ausatmen die Schultern fallen, damit alle Anspannung den Körper verlassen kann. Konzentrieren Sie sich ausschließlich auf Ihren Atem. Spüren Sie wie sich Ihr Bauch hebt und senkt. Achten Sie darauf, dass Sie tief in den

Unterbauch atmen. Unter Stress werden wir automatisch kurzatmig. Das Gehirn erhält dadurch weniger Sauerstoff. Darunter leiden die Konzentration und das Verständnis beim Lesen. Unser Gehirn macht nur 2 Prozent des Körpergewichts aus, benötigt aber über 20 Prozent des aufgenommenen Sauerstoffs.

Atmen Sie etwas länger aus als ein. Das Ausatmen ist ein Entspannungsreflex. Formel 1-Piloten legen während des Rennens die Betonung auf das Ausatmen, um klarer denken und besser reagieren zu können. Gewöhnen Sie sich diesen Formel 1-Reflex beim Lesen an. Ein plötzliches starkes Einatmen stellt dagegen ein Zeichen für Anspannung dar. Stellen Sie sich vor, dass plötzlich ein Säbelzahntiger vor Ihnen steht. Bevor Sie wegrennen, würden Sie intuitiv tief einatmen. Ein Signal für den Körper, Adrenalin zu produzieren. Sind Sie dem Säbelzahntiger entkommen, würden Sie automatisch tief ausatmen und innerlich „geschafft" zu sich sagen. Ein Zeichen für den Körper, auf Entspannung umzuschalten. Legen Sie die Betonung bei dieser Übung daher auf das Ausatmen.

Sobald Sie sich durch die Atembetrachtung entspannt fühlen, legen Sie die Fingerspitzen auf die Stelle an Ihrem Hinterkopf. Nehmen Sie die Berührung bewusst wahr. Konzentrieren Sie sich bei jedem Einatmen ganz intensiv auf diese Berührung am Hinterkopf. Beim Ausatmen konzentrieren Sie sich darauf, Ihre Schultern sinken zu lassen. Stellen Sie sich vor, dass Sie einen imaginären Golfball in die Hand nehmen. Sie fahren mit Ihren Fingern über seine wellige Oberfläche. Nehmen Sie das Gewicht dieses imaginären Golfballs in Ihrer Hand wahr. Legen Sie ihn nun in Ihren Gedanken auf Ihren Hinterkopf. Führen Sie dazu Ihre Hand wieder zu diesem Punkt. Stellen Sie sich vor, dass Sie Ihre Hand wieder wegnehmen und der Golfball scheinbar magisch an dieser Stelle liegen bleibt. Konzentrieren Sie sich beim Einatmen jeweils intensiv auf diesen Golfball und beim Ausatmen darauf, die Schultern sinken zu lassen.

Wenn Sie Ihre Augen wieder öffnen und weiterlesen, werden Sie sich wach und entspannt fühlen.

Sie installieren auf diese Weise einen Entspannungs-Reflex. Mit jeder Wiederholung wird die Entspannung tiefer. Bald reichen wenige Sekunden der Konzentration auf den Hinterkopf aus, um sich entspannt, wach und konzentriert zu fühlen. Die Visualisierung des Golfballs hilft Ihnen am Anfang, sich besser auf die Stelle am Hinterkopf zu konzentrieren.

Bevor ich mich mit dieser Technik beschäftigt habe, gab es Phasen beim Lesen, in denen meine Gedanken ständig abschweiften. Ich hatte jedoch keine Strategie, dies abzustellen. Der bekannte Spruch aus der Schule „Konzentriere Dich halt besser" bringt einen auch nicht weiter. Sie benötigen vielmehr einen Punkt, an dem Sie Ihre Aufmerksamkeit festmachen können. Dieser Punkt liegt erstaunlicherweise nicht im Buch, sondern an Ihrem Hinterkopf. Führen Sie Ihre Aufmerksamkeit unmittelbar auf diesen Punkt zurück, wenn Sie beim Lesen abschweifen. Daraus wird eine mächtige Gewohnheit. Sie werden sich bald dauerhaft und ohne bewusste Anstrengung auf diesen Punkt konzentrieren. Ihre natürliche Konzentration verbessert sich durch diesen Reflex erheblich.

Punkte, die Sie in Erinnerung behalten sollten:

- Durch die Konzentration auf die Stelle am Hinterkopf lesen Sie in einem Zustand entspannter Wachheit. Zudem weitet sich Ihr Blickfeld und Ihre Augenbewegungen werden fließender.

- Führen Sie Ihre Aufmerksamkeit auf diesen Punkt zurück, wenn Sie mit Ihren Gedanken abschweifen.

- Umso mehr Adrenalin Sie im Blut haben, desto weniger denk- und aufnahmefähig sind Sie. Sorgen Sie daher für ausreichend Entspannung während des Lesens.

- Durch eine häufige Wiederholung der Golfball-Übung installieren Sie den Entspannungs-Reflex.

Fragen,

die Sie im Hinterkopf behalten sollten:

- ⮕ Wie steigere ich mein Verständnis beim Lesen?

- ⮕ Wie erkenne ich Strukturen während des Lesens?

- ⮕ Wie überbrücke ich die Schnittstellen zwischen Autor und Leser?

- ⮕ Wie unterstützt mich eine Visual Card® dabei?

- ⮕ Warum soll ich beim Lesen neue Gewohnheiten entwickeln?

- ⮕ Wie erweitere ich die 3-2-1 Übung?

Steigern Sie Ihr Verständnis beim Lesen

III. Steigern Sie Ihr Verständnis beim Lesen

Eine Möglichkeit, das Verständnis beim Lesen zu erhöhen, haben wir schon kennengelernt: das Lesen nach Bedeutungseinheiten, das als Nebeneffekt sogar zu einer vielfach höheren Lesegeschwindigkeit führt. Ich stelle Ihnen nun weitere Übungen vor, mit denen Sie Ihr Verständnis beim Lesen gezielt verbessern können.

Installieren Sie den Struktur-Reflex

Für ein verständnisvolles Lesen ist aktives Lesen erforderlich. Sie müssen die 126 Bits, die Ihr Bewusstsein jede Sekunde verarbeitet, voll und ganz mit Ihrem Lesestoff ausfüllen. Blicken wir dazu wieder auf die herausragenden Leser und auf die Technik, die sie einsetzen, um ein phänomenales Textverständnis zu erhalten. Sie verfolgen die Struktur des Textes innerlich mit. Sie registrieren die „Bewegungen" des Autors, ob dieser in seiner Gedankenführung konkreter oder abstrakter wird oder auf derselben Gedankenebene bleibt.

Die Strukturen eines Textes aktiv erkennen

Beispiel

Lassen Sie mich dies an einem Beispiel verdeutlichen. Ein Autor schreibt über „Transportmittel". Ein guter Leser würde dies bewusst als neues Hauptthema wahrnehmen und genau darauf achten, wie die Gedanken des Autors von diesem Thema ausgehend strukturiert sind.

Wenn der Autor als Nächstes von „Autos" als einer Unterform von Transportmitteln spricht, registriert ein guter Leser innerlich, dass der Autor eine Ebene konkreter geworden ist. Wenn im folgenden Satz von einem „BMW" als einem Beispiel für ein Auto die Rede ist, ist der Verfasser des Textes wieder um eine Ebene konkreter geworden. Unter Umständen wird er in

> der Folge um noch weitere Ebenen konkreter, wenn er von ganz bestimmten Modellen eines BMW (zum Beispiel 3er und 7er) spricht oder sogar auf Farben oder Serienausstattungen eingeht. Ist von einem „Mercedes" die Rede, stellt ein aktiver Leser bewusst fest, dass der Autor um einige Ebenen nach oben gesprungen, also abstrakter geworden ist. Unter Umständen wird er nun wieder konkreter, weil er auf die Modelle SLK und CLS eingeht und Ausstattungen näher beschreibt.
>
> Plötzlich spricht der Autor von „Flugzeugen". Er ist wieder abstrakter geworden und einige Ebenen nach oben gesprungen und hat neben „Autos" eine neue Kategorie von Transportmitteln eröffnet. Nachdem einige Marken und Modelle angesprochen wurden, springt der Autor gegebenenfalls wieder auf die oberste Ebene zurück, um nun auf dieselbe Weise von Fahrrädern zu sprechen.

Verwirrend? So lange Sie noch nicht die Fähigkeit besitzen, während des Lesens aktiv in Strukturen mitzudenken, vielleicht schon. Doch nicht mehr lange. Diese Fähigkeit, die ich eben „nachgezeichnet" habe, setzen herausragende Leser unbewusst ein. Sie verfolgen diese Strukturen automatisch, ohne darüber nachzudenken. Daher stellt sich nun wieder die Frage, wie jeder Leser diese Fähigkeit bis hin zur Stufe der unbewussten Kompetenz erlernen kann. Dazu ist erforderlich, dass Sie die Strukturen eines Textes zunächst auf einem Blatt Papier visualisieren. Es wird Ihnen auf diese Weise immer besser gelingen, die Strukturen eines Textes auch ohne diesen Umweg nur im Geiste mitzuverfolgen. Die Struktur des obigen Textes kann man folgendermaßen wiedergeben.

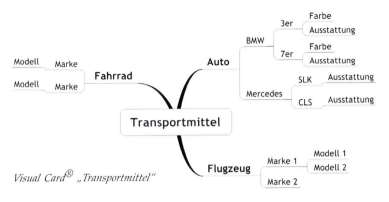

Visual Card® „Transportmittel"

Bei dieser Art der Aufbereitung von Informationen steht das zentrale Thema im Mittelpunkt und nicht wie bei herkömmlichen linearen Notizen oben am Rand der Seite. Denn in der Peripherie stehen eher die untergeordneten Punkte. Das Gehirn würde die zentrale Idee ebenfalls nur im Zentrum der Seite erwarten. Schon zu Zeiten der Höhlenmalerei wurden Informationen radial von einem Zentralbild ausgehend angeordnet. Diese Technik ist so alt wie die Kulturgeschichte der Menschheit. So wurden für diese Art der Aufbereitung von Informationen auch schon die unterschiedlichsten Namen erfunden. Brain Map, Strukturkarte, Mind Mapping, usw. Für mich ist der Begriff Visual Card® am treffendsten, da er die Bedeutung des visuellen Lernkanals herausstellt. Denn die Visualisierung der Struktur eines Textes ist der entscheidende Vorteil. Daher stellen Visual Cards das ideale Hilfsmittel auf dem Weg zum Visual Reading® dar.

Aus der Visual Card zu dem Textbeispiel „Transportmittel" lässt sich gut erkennen, dass es für einen Autor nur drei Möglichkeiten gibt, die Struktur seines Textes zu gestalten. Er kann mit jedem Satz konkreter werden und damit auf den Ästen der Visual Card nach außen wandern. Im Gegenzug kann er wieder abstrakter werden und sich in der Visual Card wieder in Richtung Zentrum bewegen. Oder er bleibt auf derselben Ebene und eröffnet sozusagen nacheinander unter einem Oberast weitere Unteräste ohne dazwischen Ebenen nach oben oder unten zu springen.

Visual Card® „Transportmittel 2"

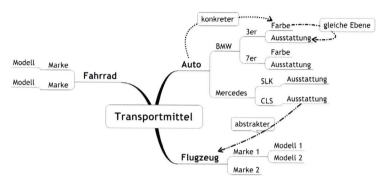

Lineare Aufzeichnungen sind dagegen ungeeignet, die Struktur eines Textes wiederzugeben. Wir denken nicht linear. Früher hat man dies aufgrund der Beobachtung unserer Kommunikation angenommen.

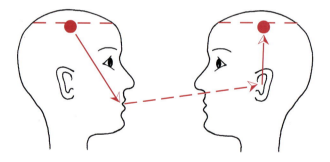

Unsere Kommunikation ist in der Tat auf eine lineare Wiedergabe beschränkt. Aufgrund der Begrenzung von Raum und Zeit können wir anderen Personen jeweils nur ein Wort nach dem anderen mitteilen. Unser Denken läuft aber nicht in dieser Weise ab. Unser Denken ist radial. Es ist assoziativ sprühend. Von einem Thema springen wir zum nächsten, je nachdem wie unsere Gehirnzellen verknüpft sind. Jeder Mensch ist in seinem Gehirn unterschiedlich

„verkabelt". Während der eine bei dem Wort „Blatt" unmittelbar an „Papier" denkt, würde bei einem anderen vielleicht die Assoziation „Laub" oder „Klee" hervorgerufen. Bei einem Blick in das Innere unseres Gehirns fällt auch auf, dass dieses wie eine Visual Card in 3D organisiert ist.

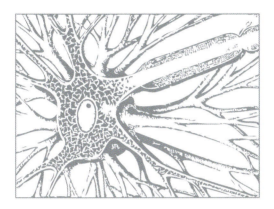

Beim Lesen gibt es somit in der Kommunikation zwischen Autor und Leser zwei Schnittstellen, die überwunden werden müssen. Um ein Buch zu schreiben, muss der Autor zunächst sein radiales Denken in eine lineare Form bringen. Der Leser dagegen muss den linearen Text in die radiale, assoziative Denkweise seines Gehirns umwandeln.

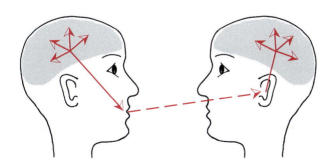

Überbrücken Sie die Schnittstellen

Diese Schnittstellen müssen überbrückt werden. Ein Autor sollte seinen assoziativen Gedankenfluss zunächst in radialer Form in einer Visual Card festhalten. Aus dem radialen Denken in 3D ist man nun in den Zwischenschritt der Aufbereitung der Informationen in 2D übergegangen. Nun wird es besser gelingen, den letzten Schritt zu gehen und die Informationen in eine lineare Form in 1D zu bringen.

Auf diese erste Schnittstelle hat der Leser keinen Einfluss. Auf die Rückumwandlung dagegen schon. Es ist hilfreich, sich die grobe Struktur eines Textes zunächst in einer Visual Card aufzubereiten. Hierbei geht es nicht um Details, sondern um den Aufbau des Textes. Auf diese Weise fällt es leichter, die Informationen in das eigene Wissensnetz einzubinden und damit dauerhaft abzuspeichern.

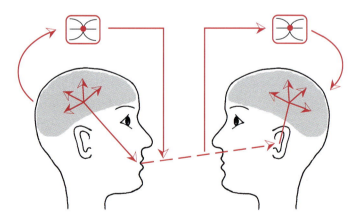

Sie erkennen sofort, wie gut der Verfasser eines Textes gearbeitet hat. Fehler in der Struktur springen sofort ins Auge. Ich habe während meines Studiums und Referendariats immer wieder juristische Lehrbücher in Visual Cards umgewandelt. Zu den meisten Rechtsgebieten sind kostenlose Visual Cards unter *www.verlag-gruening.de* erhältlich. Dabei sind mir die Schwachstellen eines Buches sofort aufgefallen. Häufig hätten weitere Unteräste in der Gliederung eigentlich neue Hauptäste sein müssen oder umgekehrt. Bei manchen Büchern war es wegen der ausgesprochen schlechten Struktur kaum möglich Visual Cards zu erstellen. Man musste dem Text erst eine Struktur geben.

Beim linearen Lesen fallen solche Strukturfehler nicht immer auf. Dies sind auch die Stellen, an denen das Verständnis schwer fällt. Man sucht das Problem meistens bei sich. Hätte der Autor seine Gedanken zunächst in einer Visual Card strukturiert, würden solche Fehler kaum vorkommen. Strukturbrüche würden sofort auffallen. Aber zumindest haben wir nun ein „Analyse-Tool", um diese Problemstellen aufzuspüren.

Entwickeln Sie neue Gewohnheiten

Als nächstes müssen wir Wege finden, wie wir möglichst schnell die Stufen zur unbewussten Kompetenz nehmen können. Wir müssen neue Gewohnheiten entwickeln, damit das strukturierte Mitdenken vollkommen automatisch ohne bewusstes Nachdenken abläuft. **Denn das Denken und das Verhalten eines Menschen werden dadurch bestimmt, was er gewohnheitsmäßig denkt und wie er gewohnheitsmäßig handelt.** Wir müssen zunächst das Lesen und das Erstellen von Visual Cards so oft kombinieren, bis dieser Schritt im Kopf automatisch abläuft, bis Sie gewissermaßen automatisch in Visual Cards mitdenken.

Das Training an Absätzen

Wir fangen im Kleinen an und erstellen zunächst Visual Cards zu einzelnen Absätzen. Lassen Sie mich dies an einem Absatz demonstrieren.

Einen Absatz in eine Visual Card® umwandeln

Achten Sie beim Lesen des folgenden Absatzes auf dessen Struktur.

Damit Sie über Ihre Zahnplombe Radio empfangen können, müssen drei Voraussetzungen gegeben sein. Zunächst müssen Sie über eine Antenne verfügen, um die elektromagnetischen Wellen empfangen zu können. Um nicht nur Energie sondern das Radioprogramm zu empfangen, benötigen Sie einen Demodulator. Mit diesem müssen Sie die Frequenz umwandeln. Eine Diode im Mund würde diese Aufgabe erfüllen. Schließlich sollten Sie in Ihrem Mund noch einen Lautsprecher unterbringen, um die Signale wiedergeben zu können. Ich wünsche guten Empfang.

Eine Möglichkeit diesen Absatz in einer Visual Card darzustellen, ist die folgende:

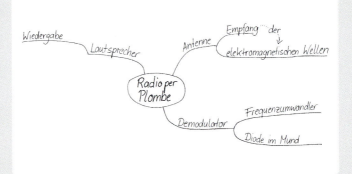

Bei der Aufbereitung von Informationen in einer Visual Card gibt es kein richtig oder falsch. Es gibt immer mehrere Möglichkeiten, die Informationen eines Textes zu strukturieren. So kann man darüber streiten, ob ein Unterast nicht doch an eine andere Stelle gehört oder ob man andere Überkategorien finden könnte, denn jeder Mensch ist in seinem Kopf unterschiedlich

> verknüpft. Eine Notizmethode muss diese Individualität berücksichtigen. Daher werden die Visual Cards von verschiedenen Personen zum selben Text sehr wahrscheinlich unterschiedlich aussehen. Wichtig ist nur, dass Sie den Inhalt des Textes durch Ihre Aufbereitung besser verstehen und aktiv wiedergeben können.

Bevor Sie nun selbst gefordert sind, möchte ich Ihnen kurz die Regeln der Visual Cards vorstellen. In meinem Buch „Garantiert erfolgreich lernen" ist diesen Visual Cards ein eigenes, umfangreiches Kapitel gewidmet, das ausführlich auf die Vorteile, die Vorgehensweise und die Einsatzmöglichkeiten eingeht. In diesem Buch werden nur die Punkte genannt, die unmittelbaren Bezug zum Lesen haben.

Die Regeln der Visual Card®

- Nehmen Sie das Blatt im Querformat, denn zum einen benötigen Sie mehr Platz in der Breite, zum anderen aktivieren Sie dadurch Gehirnregionen, die dem rechtsseitigen Denken zugeschrieben werden. Mit Hilfe der PET (Positronen-Emissions-Tomographie) kann man nachvollziehen, welche Gehirnregionen bei bestimmten Tätigkeiten aktiv sind. In einer Untersuchung legte man Testpersonen ein leeres Blatt Papier vor. Sobald dieses aus dem Hochformat in das Querformat gedreht wurde, zeigten diejenigen Gehirnareale eine stärkere Aktivität, die für bildhaftes, kreatives Denken zuständig sind. Dies beruht auf einer ganz einfachen Konditionierung. Wenn Ihnen ein leeres Blatt Papier im Hochformat vorgelegt wird, denken Sie automatisch an das Erstellen von linearen Notizen, wie Sie es aus der Schule gewohnt sind. Dreht man das Blatt ins Querformat, denken Sie eher an den Zeichenunterricht, an den Besuch einer Gemäldegalerie oder das Betrachten von Fotos mit Freunden. Bilder werden meistens im Querformat aufgezeichnet.

- Schreiben Sie das zentrale Thema in das Zentrum der Seite. Nirgendwo anders würde unser Gehirn die zentrale Idee vermuten. Schreiben Sie diesen Ausgangspunkt nicht in die Peripherie der Seite, wie Sie dies von linearen Notizen gewohnt sind. Dies widerspricht der Funktionsweise unseres Gehirns. Wenn es Ihnen möglich ist, gehen Sie von einem farbigen Bild in der Mitte aus, denn die Information in der Mitte des Blattes ermöglicht Ihnen den Zugriff auf die gesamten Informationen der Visual Card. Wenn Sie sich an das Zentralthema erinnern können, werden Sie assoziativ auch die umliegenden Äste aus Ihrem Gedächtnis abrufen können. Häufig werde ich in meinen Seminaren gefragt, wie man sich die Informationen einer Visual Card am besten einprägen kann. Die Antwort ist einfach. Sie müssen diese Informationen merkwürdig gestalten. Dann sind sie auch würdig, gemerkt zu werden. Was gäbe es in dieser Hinsicht besseres als Bilder und Farben. Nutzen Sie alle Möglichkeiten des visuellen Kanals.

- Setzen Sie die Hauptpunkte des Textes auf die Hauptäste. Die Anzahl der Hauptäste prägt die Struktur der Visual Card. Überlegen Sie schon während des Lesens, in welche Hauptkategorien Sie den Text einteilen können. Beginnen Sie mit dem ersten Hauptast rechts oben und lassen Sie weitere Hauptäste im Uhrzeigersinn folgen. Untergeordnete Informationen setzen Sie entsprechend auf die Unteräste.

- Schreiben Sie Wörter ausschließlich auf die Äste. Es sollten keine Wörter im „luftleeren" Raum hängen. Achten Sie darauf, dass eine organische Struktur entsteht. Jeder Baum oder jeder Busch in der Natur ist auf diese Weise aufgebaut. Dieses Muster findet sich auch in Ihrem Gehirn wieder. Dafür müssen die Unteräste aber mit dem zugehörigen übergeordneten Ast zusammenhängen. In der Natur knüpfen weitere Äste und Blätter auch jeweils an Ästen bzw. am Stamm an.

• Verwenden Sie Druckbuchstaben. Druckbuchstaben können im Gegensatz zur Schreibschrift in beiden Gehirnhälften verarbeitet werden. Auf diese Weise gleicht eine Visual Card immer mehr einem Bild. Es ist wichtig, dass Sie eine Visual Card nach ein, zwei Wiederholungen in Zukunft mit einem Blick visuell erfassen können. Dies ist einer der größten Vorteile. Ein Blick genügt, um sich die Informationen wieder ins Bewusstsein zu rufen. Mit linearen Notizen ist das nicht möglich.

• Vergegenwärtigen Sie sich anschließend die Zusammenhänge zwischen den einzelnen Ästen. Zeichnen Sie sich dafür Verbindungspfeile in die Visual Card ein. Dieser Schritt verhilft zu einem tiefen Verständnis des Textes, das man selbst durch mehrfaches lineares Lesen nicht erreicht.

• Setzen Sie sooft wie möglich kleine Bilder ein, auch wenn Sie der Ansicht sind, dass Sie nicht zeichnen können. Umso merkwürdiger, desto besser. Verwenden sie unterschiedliche Farben. Mit der Zeit werden Sie sich eine eigene Symbolgalerie für häufig gebrauchte Wörter anlegen, zum Beispiel einen Pfeil für „daraus folgt", ein Plus für „und", einen Blitz für „Ausnahme". Sie werden dadurch immer mehr Informationen auf immer weniger Platz übersichtlich zusammenfassen können. Für umfangreiche Themen können Sie auch DIN A3 Blätter verwenden. Kleben Sie einfach zwei DIN A4 Blätter mit einem kleinen Stück Tesafilm zusammen.

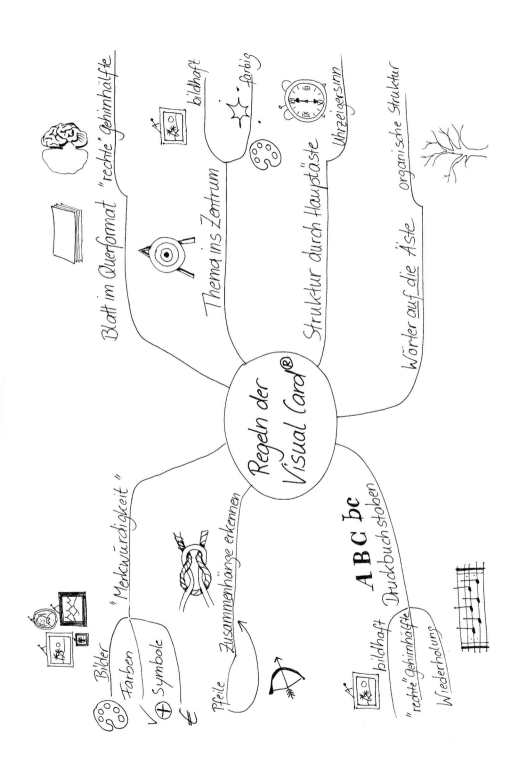

Versuchen Sie sich nun an den folgenden Absätzen.

Absätze in Visual Cards umwandeln

Lesen Sie den ersten Absatz und halten Sie die Struktur des Absatzes mit Schlüsselwörtern in einer Visual Card fest. Decken Sie den gelesenen Abschnitt mit einem Blatt Papier ab. Lesen Sie den Absatz ein weiteres Mal, sofern Sie der Ansicht sind, dass noch Schlüsselwörter fehlen. Vervollständigen Sie die Visual Card. Gehen Sie auf diese Weise Absatz für Absatz bis an das Ende dieser Übung.

> Für die Bildung von Neurotransmittern sind vor allem vier Vitalstoffe von Bedeutung: Vitamine, Mineralstoffe, Aminosäuren und Fettsäuren. Wichtige Vitamine sind Vitamin C und E und die Vitamin B-Gruppe. Wichtige Mineralien sind Eisen und Zink.

Das Lauftraining hat drei entscheidende Auswirkungen auf Ihre Blutwerte. Laufen senkt zum Ersten den Cholesterinspiegel, besser als jedes Medikament oder jede Diät. Triglyceride sinken und das gute Cholesterin HDL steigt an. Zum Zweiten sinkt der Harnsäurespiegel. Sie werden dadurch vor Gicht und Arteriosklerose geschützt. Laufen senkt zum Dritten auch den Insulinspiegel im Blut. Sie beugen auf diese Weise der Altersdiabetes vor. Ihre Nerven und Gefäße werden besser vor Schäden geschützt.

In den Genen der meisten Menschen „steckt" ein leichter „Linksdrall". In vielen Supermärkten wird der Käufer daher gegen den Uhrzeigersinn geführt. Nach einer Studie fühlen sich Kunden auf diese Weise wohler und kaufen mehr ein. Auch die Wettkämpfer im Stadion laufen links herum. In diese Richtung bewegen sich auch die Drehtüren. Nicht verwunderlich, dass auch der verirrte Wanderer in der Wüste meistens im Kreis läuft.

Es ist ein Irrtum, dass Stiere „rot sehen". Beim Stierkampf reagieren sie alleine auf das Wedeln des Matadors mit dem Tuch und werden durch die Lanzenstöße wild gemacht. Die rote Farbe des Tuches wurde für die Zuschauer ausgewählt, da die rote Farbe dem Menschen Blut suggeriert. Stiere dagegen sind wie die meisten Säugetiere farbenblind. Während die menschliche Netzhaut über drei Sorten von Farbrezeptoren für Rot, Grün und Blau verfügt, hat ein Stier viel weniger von diesen Zäpfchen für farbiges Sehen. Er sieht sozusagen in „schwarz-weiß".

Die rote Farbe im Campari wird mit Läusepulver hergestellt. Dieser rote Farbstoff heißt Karmin. Bevorzugt werden Schildläuse der Art „Dactylopius cacti" verwendet, besser bekannt unter dem Namen „Cochenillelaus". Diese werden auf Kakteen ausgesetzt, nach ihrer Mahlzeit wieder eingesammelt, getötet, getrocknet und schließlich zu Pulver gemahlen.

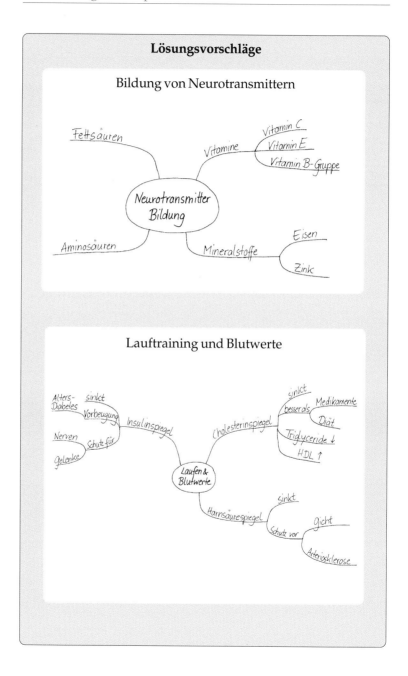

Steigern Sie Ihr Verständnis beim Lesen

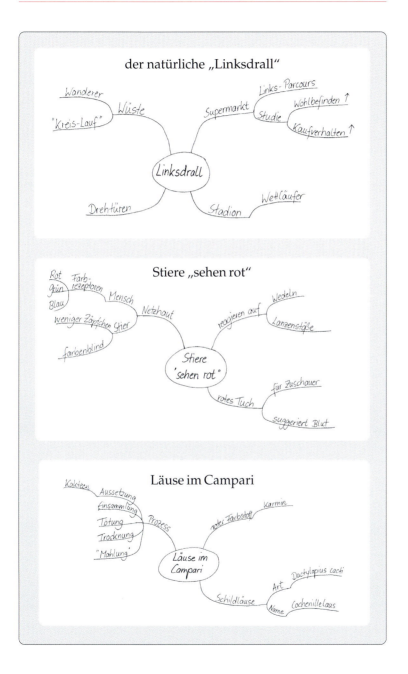

Behalten Sie aber unser Ziel im Auge. Es geht nicht darum, dass Sie sich eine neue Arbeitsweise angewöhnen und in Zukunft mit Visual Cards arbeiten. Wenn dies dennoch der Fall sein sollte, ist es umso besser. Aber auch wenn Sie der Ansicht sind, dass Sie außerhalb der Übungszeit nichts mit Visual Cards zu tun haben möchten, stellen diese das beste Training für Ihr Verständnis dar. Mit jeder erstellten Visual Card werden Sie Ihre Fähigkeit verbessern, während des Lesens in Strukturen mitzudenken. Wir nutzen wieder die Anpassungsfähigkeit unseres Gehirns. Wenn Sie im Anschluss an das Lesen kaum etwas strukturiert wiedergeben können, ruft das ein unangenehmes Gefühl hervor. Zukünftig denken Sie bereits während des Lesens aktiv in Strukturen mit, um dieses unangenehme Gefühl zu vermeiden. Binden Sie dazu die folgende Übung in Ihren Trainingsplan ein.

Die 10 Minuten-Rallye

Nehmen Sie sich 10 Minuten Zeit. Schlagen Sie eine Doppelseite Ihres Übungsbuches auf und wählen Sie spontan einen Absatz von mittlerer Länge. Lesen Sie diesen Absatz zügig und versuchen Sie, den Inhalt dieses Absatzes auf einem Blatt Papier strukturiert wiederzugeben, natürlich ohne weiteren Blick in das Buch. Schlagen Sie die nächste Doppelseite auf und wählen Sie spontan einen weiteren Absatz. Fahren Sie auf diese Weise die gesamten 10 Minuten fort. Zählen Sie anschließend die Anzahl der Absätze, die Sie in Visual Cards umgewandelt haben. Tragen Sie die Anzahl in die nachfolgende Tabelle ein. Versuchen Sie, bei jeder Wiederholung der Übung einen Absatz mehr zu schaffen.

Datum	Zeit

> Sie müssen sich bei jedem Abschnitt möglichst schnell klar werden, welchen Hauptgedanken dieser Abschnitt verfolgt. Idealerweise stellt ein Abschnitt in einem Buch eine Gedankeneinheit dar. Zu 95 Prozent finden Sie das zentrale Thema eines Abschnitts im ersten Satz. Das Hauptthema eines Absatzes aktiv zu erkennen, ist eine Eigenschaft guter Leser. Wenn Sie wissen, was im Zentrum Ihrer Visual Card steht, können Sie nach einzelnen Hauptästen Ausschau halten. Dieses Vorgehen wird zur unbewussten Gewohnheit. Es wird Ihnen immer leichter fallen, die Inhalte und die Struktur eines Absatzes genau vor Augen zu haben.

Das Training an Abschnitten

Wenden wir uns als Nächstes einem längeren Abschnitt zu.

> **Längere Abschnitte in Visual Cards umwandeln**
>
> Lesen Sie den folgenden Text und legen Sie das Buch anschliessend beiseite. Blicken Sie nicht mehr in das Buch, denn wir wollen mit dieser Übung kein Abschreiben trainieren, sondern unsere Denkfähigkeit verbessern. Geben Sie den Inhalt in einer Visual Card wieder. Dazu müssen Sie den Text aktiv lesen. Sie müssen nach Hauptästen und wichtigen Schlüsselworten Ausschau halten. Versuchen Sie, während des Lesens die Struktur zu erkennen. Viel Erfolg.

Verbesserung der Merkfähigkeit durch Visual Cards
aus „Garantiert erfolgreich lernen", Seite 63

Das Aufbereiten von Informationen in einer Visual Card führt zu einer erheblich verbesserten Gedächtnisleistung. Zum einen weil die Informationen viel tiefer bearbeitet wurden. Sich in linearer Form das Wichtigste aus einem Text herauszuschreiben, stellt keine Herausforderung dar. Dafür ist kaum Denkarbeit erforderlich. Einen Text einfach nur linear verknappen, kann jeder. In einer Visual Card müssen Sie diese Informationen jedoch zweidimensional darstellen. Sie müssen die Strukturen herausarbeiten und nicht nur der Reihe nach einzelne Wörter aufschreiben. Dafür ist eine gewisse Denkleistung erforderlich. Aber nur diese Denkleistung führt dazu, dass Sie einen Nutzen aus Ihrer Lernzeit ziehen. Dank dieser Verarbeitungstiefe werden Sie sich später auch an die Inhalte erinnern.

Darüber hinaus fördert die Arbeit mit Schlüsselwörtern das Behalten der Informationen. Wie gut Sie sich an den Inhalt eines Buches oder eines Vortrags erinnern können, hängt zum Großteil von der Fähigkeit ab, wie gut Sie den Inhalt auf möglichst wenige Schlüsselwörter reduzieren können. Die rechte Gehirnhälfte kann mit linearen Sätzen nichts anfangen. Auch unser Gehirn an sich speichert keine ganzen Sätze ab.

Deshalb sind lineare Notizen, in denen man sich ganze Sätze aus einem Text herausschreibt, ungeeignet. Es geht vielmehr darum, den Inhalt eines Abschnitts auf möglichst wenige Schlüsselwörter zusammenzufassen.

Unter Umständen reicht für einen Abschnitt ein Schlüsselwort aus. Dieses Schlüsselwort kann das Gehirn nun in das eigene Wissensnetz einbinden.

Wird dieses Schlüsselwort später wieder in Gedanken aktiviert, bringt es den gesamten Inhalt des Abschnitts zurück. Diese weiteren Informationen hängen als Assoziationen an dem Schlüsselwort.

Stellen Sie sich folgende Situation vor. Sie stehen in einer Runde und werden gebeten, einen Witz zu erzählen. Im Moment sind Sie aber wie blockiert. Ihnen will partout kein Witz einfallen. Zum Glück steht in dieser Runde ein guter Freund von Ihnen. Er weiß, dass Sie schon öfter einen Witz mit einem Frosch erzählt haben. Er ruft Ihnen daher zu:

"Erzähl doch den mit dem Frosch." Allein durch dieses Schlüsselwort Frosch wird Ihnen der gesamte Inhalt des Witzes wieder vor Augen stehen.

Auch wenn der Witz vielleicht über eine Seite gehen sollte. Es war nur wichtig, dass Sie über ein Schlüsselwort einen Anstoß erhalten haben.

Beim Lernen ist es nicht anders. Wenden Sie die in diesem Buch vorgestellten Lernmethoden an und Sie werden in Zukunft ein Buch oder einen linearen Text nie zweimal lesen müssen. Außer Sie lesen einen Text erneut, um ein noch viel tieferes Verständnis zu erlangen. Mit der weiterentwickelten 3-2-1 Übung, die später erläutert wird, werden Sie dieses tiefe Verständnis aber schon beim ersten Lesen haben.

Da Sie in Zukunft Bücher und Texte nur noch ein Mal lesen müssen, werden Sie viel Zeit einsparen und auch organisatorisch Ihren Umgang mit Informationen vereinfachen. Statt Haufen von Zeitschriften, Texten und Büchern haben Sie Visual Cards mit Schlüsselwörtern auf dem Schreibtisch. Dazu ist es erforderlich, dass Sie aus dem linearen Text ganz bewusst Schlüsselwörter bilden und auf diese Weise den Text verdichten. Da das Gehirn beim Abspeichern mit ganzen Sätzen wenig anfangen kann, müsste es sich die Schlüsselwörter ansonsten selbst heraussuchen. Das wird nicht immer gelingen, und wir werden uns an die Informationen nicht mehr erinnern. Effektiver lernen Sie, wenn Sie die Schlüsselwörter bewusst festlegen. Dabei gilt auch hier der Grundsatz:
so wenig wie möglich, so viel wie nötig. Genaueres hierzu und wie Sie Ihre Fähigkeit entwickeln, die richtigen Schlüsselwörter

zu finden, erfahren Sie bei den Regeln der Visual Cards. Aktivieren Sie anschließend dieses Schlüsselwort, wird es Ihnen den gesamten Inhalt des linearen Textes wieder ins Bewusstsein zurückbringen. Wie bereits erwähnt, hängen diese Informationen assoziativ an dem Schlüsselwort. Ganz entscheidend ist dabei jedoch das richtige Wiederholungssystem.

Erstellen Sie aus einem Text eine Visual Card und lassen diese einige Monate liegen, werden Ihnen die Schlüsselwörter nicht mehr den gesamten linearen Inhalt zurückbringen. Sie müssen diese daher in einem bestimmten Rhythmus kurz aktivieren. Dafür benötigen Sie nur wenig Zeit, die Sie vielfach zurückerhalten. Mit der von mir entwickelten Wiederholungsmappe werden Sie damit kein Problem haben. Mehr zu dieser Mappe und zum richtigen Wiederholungsmanagement auf der dritten Stufe.

Ihr Gehirn wird es leicht haben, die wichtigen Schlüsselwörter assoziativ miteinander zu verbinden. Wie wir im Zusammenhang mit dem Wissensnetz gesehen haben, kommt es beim Abspeichern darauf ganz entscheidend an. In einer Visual Card stehen die wesentlichen Gedanken nah beieinander und werden nicht wie bei linearen Notizen durch störende Füllwörter unnötig voneinander getrennt. Das Herstellen von Verbindungen und damit der assoziative Prozess werden dadurch gefördert. Aber noch aus anderen Gründen wird man seine Gedächtnisleistung durch die Arbeit mit Visual Cards steigern. Jede Visual Card ist einzigartig. Vor allem von Hand angelegte Visual Cards gleichen einem Bild. Durch diese Visualisierung wird dem Gehirn das Abspeichern erleichtert.

Erstellen Sie nun ohne weiteren Blick in das Buch die Visual Card. Vergleichen Sie Ihr Ergebnis mit dem Lösungsvorschlag auf der nächsten Seite. Wie bereits erwähnt, gibt es hierbei kein richtig oder falsch. Überlegen Sie, was an Ihrer Visual Card besser ist oder ob Sie etwas aus dem folgenden Vorschlag übernehmen können.

Gedächtnis

- Herausforderung
  - 2 DIM
  - Struktur
- Denkleistung
  - Nutzen
  - Erinnerung
- Inhalt
  - Buch
  - Vortrag
  - Lineare Sätze
- rechte Gehirnhälfte
- Wissensnetz
- Bsp.: Frosch
- Zeit sparen
  - "so wenig wie möglich"
  - "so viel wie nötig"
  - grundsätzlich

Verarbeitungstiefe

Wort (Schlüssel)

- [merkwürdig] einzigartig
  - "würdig gemerkt zu werden"
- BILD
- Abspeichern
- Wissensnetz
- Assoziationen
- Verbindungen

- WH-System
  - Rhythmus
  - Zeit sparen
  - Mappe (W/H)

Sicher haben Sie festgestellt, dass diese Übung nicht einfach ist. Visual Cards sehen zwar einfach aus, ihre Erstellung ist aber alles andere als leicht. Sie müssen dafür die drei entscheidenden Schritte beherrschen, die für ein Lesen mit Verständnis und guter Erinnerung entscheidend sind. Sie müssen die Strukturen erkennen, den Inhalt auf wichtige Schlüsselworte reduzieren und anschließend die Zusammenhänge entdecken. Bei der Erstellung zeigt sich daher gnadenlos die derzeitige Lernkompetenz in diesen drei entscheidenden Schritten.

Dank der Verarbeitungstiefe werden Sie aber auch mehr Nutzen aus Ihrer Lesezeit ziehen. Lineare Notizen können dies nicht leisten. Denn etwas aus einem Text nacheinander herauszuschreiben, erfordert keine besondere Denkarbeit. Das können bereits Grundschüler. In einer Visual Card können Sie dagegen nicht einfach nur ein Wort an das andere fügen. Sie werden die 126 Bits zum Großteil ausnutzen. Mit den Visual Cards haben Sie zudem eine optimale Kontrolle. Wenn Sie einen Text auf diese Weise aufbereiten konnten, können Sie sicher sein, diesen auch verstanden zu haben.

Sie müssen sich aber keine Sorgen machen, wenn Sie längere Zeit vor einem weißen Blatt Papier saßen und kaum etwas wiedergeben konnten. Dies stellt lediglich Ihren jetzigen Standort dar. Mit der richtigen Übung werden Sie sich schnell steigern.

> **Weitere Übungsmöglichkeiten**
>
> Lesen Sie den Lesetest „Die Vorteile des Laufens" auf Seite 14 ein weiteres Mal und bereiten Sie diesen Text in einer Visual Card auf. Vergleichen Sie Ihr Ergebnis mit dem Vorschlag auf der nächsten Seite. Verfahren Sie genauso mit dem Lesetest „Brain Food" auf Seite 76.

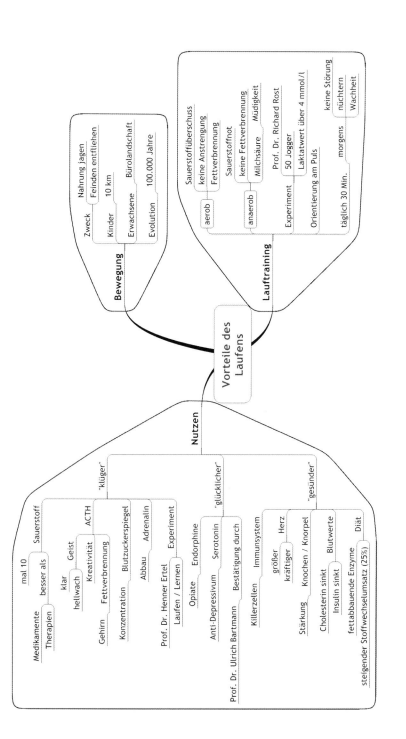

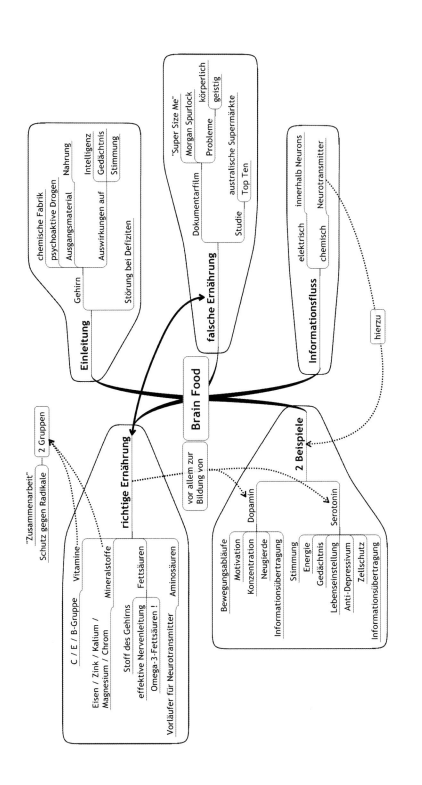

Die Weiterentwicklung der 3-2-1 Übung

Kommen wir noch einmal auf die 3-2-1 Übung zurück. Diese wird Ihnen inzwischen keine Probleme mehr bereiten. Es ist daher Zeit für eine Erweiterung. Bereiten Sie von nun an den Inhalt des Textes nach dem 3-Minuten Durchgang in einer Visual Card auf. Überlegen Sie, an welcher Stelle Ihnen noch Hauptäste oder Unteräste fehlen. Stellen Sie sich gezielt Fragen. Ergänzen Sie Ihre Visual Card nach dem 2-Minuten Durchgang. Fügen Sie weitere Haupt- oder Unteräste ein. Die Ergänzbarkeit ist ein Vorteil der Visual Cards. Stellen Sie sich ausgehend von diesem Ergebnis wieder Fragen. An welchen Stellen fehlen noch Informationen? Ergänzen Sie die Visual Card wiederum nach dem 1-Minuten Durchgang, auch wenn dies immer schwieriger wird. Vergleichen Sie Ihre Visual Card anschließend mit dem Text und bestimmen Sie Ihr Textverständnis.

Sie werden auf diese Weise sehr schnell Fortschritte beim Erkennen von Strukturen machen. Sie nutzen wieder den bereits angesprochenen Autobahn-Effekt. Wenn Sie selbst unter Hochgeschwindigkeit Strukturen und Schlüsselwörter erkennen können, werden Sie überrascht sein, wie leicht Ihnen dies auf einmal bei einer normalen Lesegeschwindigkeit fällt.

Das Training an Büchern

Versuchen Sie als Nächstes eine Visual Card zu einem gesamten Buch zu erstellen. Nehmen Sie Ihr Übungsbuch zur Hand und erstellen Sie nach einem kurzen Überfliegen des Buches anhand des Inhaltsverzeichnisses eine Visual Card. Natürlich wird die Visual Card immer weniger detailliert, je größer der Bezugsrahmen ist. Machen Sie sich daher immer bewusst, auf welcher Ebene Sie Visual Cards erstellen: zu einzelnen Abschnitten, zu ganzen Kapiteln oder zum gesamten Buch. Diese einzelnen Visual Cards

Der Aufstieg zum Gipfel

lassen sich im Idealfall modular zusammenfügen. Sie können dazu auf den Unterästen einer Visual Card vermerken, welche untergeordneten Cards weitere detaillierte Informationen enthalten. Das ist effektives Wissensmanagement.

> **Übung**
> Fassen Sie zur Übung dieses Buch zum „Visual Reading®" in einer Visual Card zusammen. Sie erschließen sich dadurch die Struktur des Buches.

Das Training an Wissensgebieten

Gehen wir noch einen Schritt weiter. Bei einer komplexen Thematik ist es hilfreich, das Buch in das gesamte Wissensgebiet einzuordnen.

> **Beispiel**
> **Visual Card zu dem gesamten Wissensgebiet**
>
> Nehmen wir an, Sie würden für das juristische Staatsexamen lernen und haben ein Buch zum Handelsrecht in der Hand. Bevor Sie mit diesem Buch beginnen, sollten Sie es in das gesamte Wissensgebiet einordnen, das Sie für das Examen parat haben müssen.

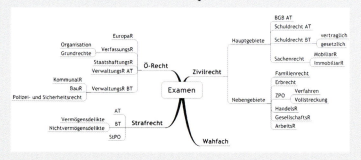

Egal zu welchem Thema Sie ein Buch in den Händen halten, es lässt sich immer in ein größeres Wissensgebiet einordnen. Verschaffen Sie sich diesen Überblick. Sie verlieren so beim Lesen einzelner Bücher den Bezugsrahmen nicht aus den Augen. Sie können Details ständig in die gesamte Landkarte des Wissens einordnen.

> **Radiale Notizen am Computer erstellen**
>
> Vielleicht möchten Sie zunächst damit beginnen, radiale Notizen am Computer zu erstellen. Sie haben dadurch die Möglichkeit, Äste nachträglich zu verschieben oder zu korrigieren, zum Beispiel mit dem kostenlosen Programm „Freemind". Ein Link zu diesem Freeware-Programm finden Sie unter *www.akademie-gruening.de/lernbuch*. Jedoch ist es effektiver, Visual Cards per Hand zu erstellen. Sie können diese Visual Cards merkwürdiger gestalten, Farben und Bilder besser einsetzen. Jede Visual Card sieht individuell aus, fast wie ein Gemälde. Radiale Notizen am Computer gleichen einander und prägen sich Ihrem Gedächtnis nicht so gut ein.

Punkte, die Sie in Erinnerung behalten sollten:

- Ein gutes Verständnis beim Lesen erreichen Sie nur durch aktives Lesen. Nutzen Sie die gesamten 126 Bits pro Sekunde aus.
- Gute Leser verfolgen dazu die Struktur des Textes in Gedanken mit.
- Setzen Sie Visual Cards ein, um diese Fähigkeit zu trainieren. Durch die ständige Kombination der Vorgänge des Lesens und Erstellens einer Visual Card passt sich Ihr Gehirn an. Nutzen Sie als Übung die „10 Minuten-Rallye".
- Durch Visual Cards überbrücken Sie die Schnittstellen zwischen Autor und Leser. Denn Visual Cards entsprechen der natürlichen Denkweise des Menschen.
- Setzen Sie Visual Cards ein, um einen besseren Überblick über ein Buch oder ein Wissensgebiet zu erhalten.
- Ergänzen Sie die 3-2-1 Übung um die Erstellung von Visual Cards.

Steigern Sie Ihre Erinnerung beim Lesen

Fragen,
die Sie im Hinterkopf behalten sollten:

- ⮕ Wie steigere ich meine Erinnerung an den Text?

- ⮕ Wie hilft mir das Setzen eines Leseziels?

- ⮕ Warum soll ich vor dem Lesen mein Vorwissen aktivieren?

- ⮕ Wie hilft mir die Wiedergabe des Textes in eigenen Worten?

- ⮕ Wie unterstützen mich meine fünf Sinne beim Abspeichern des Textes?

- ⮕ Wie merke ich mir abstrakte Informationen?

- ⮕ Wie erzeuge ich Eindruck und Merkwürdigkeit?

IV. Steigern Sie Ihre Erinnerung beim Lesen

Wenden wir uns nun der Steigerung Ihrer Erinnerungsfähigkeit zu. Einige Punkte wurden bereits durch den Text „Verbesserung der Merkfähigkeit durch Visual Cards" auf Seite 156 angesprochen. Ihr Gehirn prägt sich Schlüsselwörter ein, die es sich bildhaft vorstellen und mit den weiteren Schlüsselwörtern verknüpfen kann. Mit einer Visual Card haben Sie die allerbesten Voraussetzungen geschaffen, sich den Text dauerhaft einzuprägen. Doch es gibt weitere Möglichkeiten, seine Merkfähigkeit zu verbessern.

Als Vorbilder nehmen wir erneut die Gruppe der herausragenden Leser, die sich problemlos an Texte aller Art erinnern kann. Sind die Gemeinsamkeiten hinsichtlich der Erinnerungsfähigkeit erkannt, können daraus Übungen entwickelt werden. Es ist wiederum erforderlich, neue Gewohnheiten zu entwickeln. Behalten Sie den Satz aus dem vorherigen Kapitel im Auge.

Das Denken und das Verhalten eines Menschen werden dadurch bestimmt, was er gewohnheitsmäßig denkt und wie er gewohnheitsmäßig handelt.

Es sind vier Gewohnheiten, die Sie sich zu eigen machen müssen. Sie sollten diese Verhaltensweisen zu einem Reflex werden lassen.

- den Leseziel-Reflex
- den Aktivierungs-Reflex
- den Wiedergabe-Reflex
- den Kino-Reflex

Installieren Sie den Leseziel-Reflex

Die meisten Menschen können sich deshalb nicht an etwas erinnern, weil Sie sich zum entscheidenden Zeitpunkt nicht für das Erinnern entschieden haben, so zum Beispiel bei Personennamen. Man entscheidet sich meistens erst dann dafür, sich einen Namen merken zu wollen, wenn man erfolglos versucht, einen Namen wiederzugeben. Das ist nicht der richtige Zeitpunkt. Der richtige Zeitpunkt ist kurz bevor Sie den entsprechenden Informationen zum ersten Mal begegnen, also kurz bevor Ihnen Ihr Gegenüber seinen Namen nennt. In diesem Moment müssen Sie sich bewusst für die Erinnerung entscheiden und anschließend den Namen aktiv verarbeiten, ihn zum Beispiel bildhaft mit der zugehörigen Person verknüpfen.

Namen merken

Wer sich problemlos viele Namen auf einmal und auch auf Dauer merken möchte, wird in meinem Buch „Garantiert erfolgreich lernen" ab Seite 152 zahlreiche Möglichkeiten finden. Vor allem die bildhafte Verknüpfung von Namen mit der entsprechenden Person wird ausführlich dargestellt. Der visuelle Kanal ist wiederum der entscheidende Zugang. Auf diese Weise merken sich auch Gedächtniskünstler eine unglaubliche Anzahl von Namen. In den USA treten in Fernsehshows immer wieder Gedächtnisakrobaten auf, die ganze Säle füllen und alle Personen nacheinander Ihre Namen sagen lassen. Anschließend haben Sie zu jedem den Namen parat.

Es ist beruhigend, zu wissen, dass diese Personen von Natur aus kein besseres Gedächtnis haben als andere. Es ist nur die Art und Weise wie sie ihr Gedächtnis einsetzen. Sie nutzen einfache mnemotechnische Tricks und Systeme, mit denen man sich diese erstaunlichen Mengen an Informationen einprägen kann. Oftmals war die Unzufriedenheit mit dem eigenen Gedächtnis der Ausgangspunkt für die Beschäftigung mit der Materie.

Sie sollten sich daher vor dem Lesen ganz bewusst für das Erinnern entscheiden. Dieser Schritt hört sich zwar banal an, er entscheidet aber darüber, wie viel Sie sich aus einem Buch merken. Setzen Sie sich daher ein klares Leseziel. Wozu halten Sie dieses Buch in der Hand? Was genau möchten Sie nach der Arbeit mit diesem Buch wissen oder können? Sich lediglich das Ziel zu setzen, alles aus einem Buch wissen zu wollen, ist der beste Weg, kaum etwas aus einem Buch mitzunehmen. Sie müssen so konkret wie möglich werden, dann holen Sie das meiste aus einem Buch. Das Setzen eines Leseziels vor dem eigentlichen Lesen muss zur Gewohnheit werden.

Der Vorteil eines konkreten Leseziels

In einer wissenschaftlichen Untersuchung wurden zwei Gruppen gebildet. Beiden Gruppen wurde ein umfangreicher Text zum Lesen gegeben. Die Teilnehmer wurden darüber informiert, dass anschließend ein Test über den Inhalt des Textes folgt. Einer Gruppe sagte man, dass in diesem Test der gesamte Inhalt des Textes abgefragt wird. Der anderen Gruppe wurde mitgeteilt, dass sich der Test nur auf ein bestimmtes Hauptthema bezieht. In Wahrheit bezog sich der anschließende Test jedoch auf den gesamten Inhalt des Textes.

Man vermutet, dass die Gruppe, die auf den gesamten Inhalt des Textes achten sollte, im Vorteil gewesen sei. Es schnitt jedoch die andere Gruppe bei diesem Test erheblich besser ab. Durch die Konzentration auf ein bestimmtes Thema, wurde der Text aktiver gelesen, um diese Stellen in dem Text zu finden.

Auch wenn Sie der Ansicht sind, dass Sie für eine Prüfung alles aus einem Buch wissen müssen, sollten Sie dennoch gezielte Fragen an das Buch richten. Sie werden dadurch auch den restlichen Inhalt besser erinnern können.

Installieren Sie den Aktivierungs-Reflex

Mit einem schwierigen medizinischen Text hätten diejenigen Leser keine Probleme, die sich häufig mit derartigen Texten beschäftigen. Sie würden den Text in kurzer Zeit durchlesen und könnten sich auch an Details erinnern. Wenn man sich jedoch mit diesem Thema noch nie beschäftigt hat, fällt es schwer, dem Text zu folgen. Man kann anschließend höchstens das grobe Thema des Artikels wiedergeben. An schwierige Fachausdrücke, Namen und Details kann man sich nicht erinnern. Es hängt also ganz entscheidend von Ihrem Vorwissen ab, wie viel Sie sich merken können.

Ihre Wissens-Lernkurve

Die Verhaltens-Lernkurve haben wir bereits angesprochen. Sie verläuft in Sprüngen. Die Wissens-Lernkurve sieht anders aus. Sie verläuft exponential. Es ist schwer, sich in einem neuen Wissensgebiet einen Überblick zu verschaffen und die Grundlagen zu legen.

Ein Spruch aus dem Volksmund besagt: „Aller Anfang ist schwer." Er hat recht damit. Umso mehr Wissen Sie haben, umso leichter wird es Ihnen fallen, neues Wissen aufzunehmen, ähnlich einem Schneeball, der einen Hang hinunter rollt und immer größer wird.

Es ist daher wichtig, dass Sie bei einem Buch in den richtigen Schritten vorgehen. Sie müssen sich zunächst die Grundlagen erarbeiten. Schwierige Stellen sollten Sie zunächst überspringen und markieren, um später zu diesen zurückzukehren. Sie können diese Stellen dann mit Wissen von beiden Seiten bearbeiten. Denken Sie an den Hausbau. Es wäre nicht effektiv, mit dem

Ausbau des Daches zu beginnen, bevor das Fundament und die Wände stehen. Genauso ist es beim Lesen. Wenn Sie die Grundlagen eines Buches verstanden haben, können Sie die Details mühelos in Ihr vorhandenes Wissen einbinden. Zwar ist es nicht immer leicht, diese Bereiche eines Buches messerscharf voneinander zu trennen. Wenn Sie das Prinzip jedoch im Hinterkopf behalten, kommen Sie schneller voran.

Überprüfen Sie zudem, ob das Buch überhaupt geeignet ist. Besitzen Sie das erforderliche Vorwissen? Wenn nicht, sollten Sie sich zunächst mit einem einfachen, grundlegenden Buch zu diesem Thema beschäftigen. Sie werden auf diese Weise beide Bücher in einer kürzeren Zeit lesen, als Sie für das schwierigere Buch alleine gebraucht hätten. Durch dieses hätten Sie sich aufgrund fehlenden Vorwissens mühsam quälen müssen.

Verknüpfen Sie neues Wissen immer mit bereits vorhandenem Wissen. Ein wichtiger Grundsatz beim Lernen lautet: Wann immer Sie sich etwas merken möchten, müssen Sie es mit etwas verknüpfen, das Sie bereits wissen. Andernfalls werden die neuen Informationen einfach „durchrauschen". Ihre Lesezeit war vergebens. Aktivieren Sie daher vor dem Lesen kurz die Stellen in Ihrem „Wissensnetz", an denen sich bereits Informationen zu diesem Thema befinden. Neue Inhalte werden sich leichter in Ihr bisheriges Wissen einbinden lassen.

Ihr Wissensnetz

Eine gute Metapher für das Vorwissen eines Menschen ist ein Spinnennetz. Dieses ist an manchen Stellen sehr fein gesponnen. Das sind die Bereiche, zu denen Sie bereits viel Wissen besitzen. In anderen Bereichen werden Sie lediglich grobe Fäden vorfinden, da Sie sich für diese Bereiche nicht besonders interessieren.

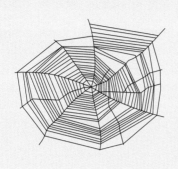 Ein neuer Faden kann immer nur an einen bereits vorhandenen Faden anknüpfen. Im luftleeren Raum würde ein Faden nicht halten und durch das Netz fallen. Daher fällt es Ihnen leichter, Wissensfäden zu Bereichen zu erstellen, zu denen Sie bereits viele Fäden besitzen. In den anderen Gebieten müssen Sie dagegen erst langsam weitere grundlegende Fäden erstellen.

Sie verfügen über ca. 100 Milliarden Neuronen (Gehirnzellen) in Ihrem Kopf. Die Anzahl dieser Neuronen ist jedoch nicht entscheidend für Ihr Wissen oder Ihre Verhaltensweisen. Es kommt auf die Anzahl der Verknüpfungen zwischen diesen Neuronen an. Diese entsprechen den Fäden des Wissensnetzes. Es wird immer der Organismus in einem bestimmten Bereich am intelligentesten reagieren, der zu diesem Gebiet die meisten Verknüpfungen gebildet hat. Je mehr Verknüpfungen, desto mehr Reaktionsmöglichkeiten.

Um die entscheidenden Stellen in Ihrem Wissensnetz zu aktivieren, sollten Sie vor dem Lesen kurz Ihr vorhandenes Wissen abrufen. Erstellen Sie in höchstens einer Minute eine Visual Card, in der Sie Ihr Wissen festhalten. Auf diese Weise entsteht eine neue Gewohnheit. Sie machen sich in Zukunft automatisch Gedanken über bereits vorhandenes Wissen, ohne sich dafür bewusst Zeit nehmen oder das Ergebnis schriftlich festhalten zu müssen.

Installieren Sie den Wiedergabe-Reflex

Herausragende Leser rekapitulieren den gelesenen Text in bestimmten Abständen in eigenen Worten. Diese Fähigkeit haben wir von Beginn dieses Kurses an trainiert. Sie werden bereits festgestellt haben, dass sich Ihre Erinnerungsfähigkeit durch diese konstante Übung erheblich verbessert hat. Durch diese Aktivierung in eigenen Worten machen Sie sich einen Text zu eigen. Wenn Ihnen ein Text wirklich „gehört", können Sie ihn auch auf Ihre Situation übertragen und anwenden.

> **Die Wiedergabe in eigenen Worten**
>
> Ich möchte erneut auf eine wissenschaftliche Untersuchung Bezug nehmen. Es wurden zwei Gruppen gebildet und ein umfangreicher Text ausgegeben. Die erste Gruppe durfte 30 Minuten zum Lesen nutzen. Die zweite Gruppe durfte nur die Hälfte der Zeit lesen und sollte in den verbleibenden 15 Minuten versuchen, den Text in eigenen Worten im Geiste wiederzugeben. Anschließend wurden beide Gruppen in einem Test über den Text befragt. Obwohl die Teilnehmer der zweiten Gruppe in den 15 Minuten nicht genügend Zeit hatten, den umfangreichen Text in allen Details zu lesen, schnitten sie bei dem Test erheblich besser ab als die erste Gruppe.
>
> Egal wie kurz Ihre Lesezeit für einen Text bemessen sein sollte. Es ist immer besser, sich einen Teil der Zeit dafür zu reservieren, den Text in eigenen Schlüsselwörtern wiederzugeben.

Diesen Schritt müssen Sie nun wiederum durch die richtige Übung zur zweiten Natur werden lassen. Dann wird diese Wiedergabe automatisch auch während des Lesens ablaufen, ohne dass Sie sich bewusst Zeit dafür nehmen müssten.

> **Absätze wiedergeben**
>
> *Übung*
>
> Nehmen Sie Ihr Übungsbuch zur Hand. Lesen Sie einen Absatz und lehnen Sie sich anschließend zurück. Geben Sie den Inhalt des Absatzes ohne weiteren Blick in das Buch in eigenen Schlüsselworten wieder. Wiederholen Sie diese Schritte nun Absatz für Absatz für mindestens 5 Minuten.
>
> Sofern Sie einen Übungspartner haben, können Sie diese Übung auch zu zweit durchführen. Beginnen Sie mit dem ersten Absatz. Lesen Sie diesen und erklären Sie Ihrem Gegenüber in einer Zusammenfassung den Inhalt des Absatzes. Ihr Trainingspartner liest den nächsten Absatz und gibt Ihnen den Inhalt wieder. Nun sind Sie mit dem dritten Absatz an der Reihe. Halten Sie mindestens 5 Minuten durch.

Auf diese Weise installieren Sie den Wiedergabe-Reflex. Hinterfragen Sie zudem, ab welcher Stelle Sie sich nicht mehr an den Anfang eines Textes erinnern können. Machen Sie dazu von Zeit zu Zeit die folgende Übung.

> **Die Erinnerungsspanne erkennen**
>
> *Übung*
>
> Nehmen Sie Ihr Übungsbuch zur Hand. Beginnen Sie zu lesen und beobachten Sie, ab wann Sie Früheres vergessen. Ab welcher Stelle ist Ihnen der bereits gelesene Text nicht mehr zugänglich? Spätestens an dieser Stelle sollten Sie eine kurze Rekapitulation einlegen. Mit fortlaufender Übungszeit können Sie immer größere Textmengen lesen, ohne den Anfang oder die späteren Stellen zu vergessen. Diese Achtsamkeit wird mit der Zeit zur Gewohnheit. Sie bauen automatisch an den richtigen Stellen kurze Phasen der Rekapitulation ein. Sie werden überrascht sein, welche Auswirkungen dies auf Ihre Erinnerungsfähigkeit hat.

Installieren Sie den Kino-Reflex

Oftmals sitzen wir vor einem Buch und fragen uns, wie wir den Inhalt in unseren Kopf bekommen sollen. Dafür gibt es genau fünf Möglichkeiten, nämlich unsere fünf Sinne. Daher ist es nicht verwunderlich, dass Ihr Erinnerungsvermögen entscheidend davon abhängt, wie gut Sie Ihre fünf Sinne einsetzen.

Es gibt immer wieder Personen mit einem phänomenalen Gedächtnis, Personen, die sich jedes Detail spielerisch einprägen und noch Jahre später wiedergeben können. Ein Beispiel ist der Russe Schereschewski. Ein Journalist, der jede Besprechung wortgetreu wiedergeben konnte, ohne sich dafür Notizen erstellen zu müssen. Auch alle anderen Informationen musste er nur einmal sehen oder hören, um diese ohne Mühe wiederzugeben. Schereschewski wurde wegen seiner Fähigkeiten monatelang von dem damals führenden russischen Psychologen und Gedächtnisforscher Alexander R. Luria untersucht. Die Ergebnisse hat Luria in seinem Buch „The mind of a mnemonist" festgehalten. Er bestätigte, dass Schereschewski über ein perfektes Gedächtnis verfügt. Das Geheimnis seines phänomenalen Erinnerungsvermögens besteht darin, dass er zu allem, was er liest oder hört, ein klares Bild vor Augen hat. Seine Bilder unterscheiden sich von den Bildern anderer Menschen dadurch, dass sie besonders leuchtend und klar sind. Zudem setzt er auch seine weiteren Sinne ein. Wann immer es möglich ist, fügt er den Bildern Geräusche, Gefühle, Gerüche oder Geschmäcker hinzu. Der perfekte Einsatz der fünf Sinne läuft bei ihm unbewusst ab. Er hatte sich diese Techniken nicht bewusst angeeignet. Durch Zufall erkannte er in seiner Kindheit die Voraussetzung für ein optimales Gedächtnis und setzt diese seitdem ein.

Dies ist das Geheimnis der Menschen mit einem herausragenden Gedächtnis. Sie zeichnen die Information mehrfach auf. Denn im Gehirn werden visuelle Eindrücke an einer anderen Stelle abgespeichert als auditive. Genauso werden kinästhetische Eindrücke (Fühlen) in einem anderen Gehirnbereich abgespeichert als olfaktorische (Riechen) oder gustatorische (Schmecken). Sofern Sie Informationen mit allen fünf Sinnen wahrnehmen, besitzen Sie fünf Zugänge, um sich diese Informationen assoziativ zu erschließen.

> **Wissenswertes**
>
> **Konzentration**
>
> Auch Ihre Konzentration hängt von dem richtigen Einsatz Ihrer fünf Sinne ab. Für ein konzentriertes Arbeiten müssen Sie Ihre fünf Sinne und damit gleichbedeutend Ihre Aufmerksamkeit auf den Text lenken und dürfen sich nicht ablenken lassen. Für Ablenkung sorgen wiederum ausschließlich Ihre fünf Sinne, zum Beispiel Ihr visueller Kanal, weil Sie aus dem Fenster in die Landschaft schauen und auf Bewegungen achten. Aber nicht nur durch externe Sinneseindrücke werden Sie abgelenkt, sondern auch durch interne. So werden Sie beim Lesen auch durch Bilder von Ihrem letzen Urlaub gestört, die ständig vor Ihrem inneren Auge auftauchen. Oder Sie lassen sich durch Geräusche ablenken, entweder extern, weil Sie sich durch Straßenlärm gestört fühlen oder intern, weil Sie ständig mit sich selbst kommunizieren. Genauso können auch Gefühle oder Gerüche für Ablenkung sorgen.
>
> Menschen mit einem guten Gedächtnis haben daher immer auch eine gute Konzentration. Gedächtnistraining ist das ideale Konzentrationstraining.

Es gibt kein schlechtes Gedächtnis an sich. Man kann seine Gedächtnisfähigkeit nur besser oder schlechter einsetzen. Wenn Sie der Ansicht sind, dass Menschen in Ihrem Umfeld ein besseres Gedächtnis besitzen, dann liegt dies einzig und allein daran, dass sie ihre fünf Sinne besser gebrauchen. Mit etwas Übung werden Sie diese sehr schnell überholen. Machen wir uns wieder auf den Weg.

Für das Training Ihrer fünf Sinne gibt es zahlreiche effektive Übungen. Hier befinden wir uns jedoch wieder an einer Schnittstelle zum allgemeinen Lernen. Ich spreche in diesem Buch nur diejenigen Punkte an, die unmittelbaren Bezug zum Lesen haben. Zahlreiche weitere Möglichkeiten, Ihr Gedächtnis und Ihre Konzentration zu verbessern, finden Sie in dem Buch „Garantiert erfolgreich lernen" ab Seite 107 und ab Seite 152. Auf diesen Seiten werden zudem die wichtigsten mnemotechnischen Systeme vorgestellt, die Gedächtnisakrobaten einsetzen, um sich Unmengen an Informationen einzuprägen.

Ich möchte den Einsatz der fünf Sinne an einem Beispiel verdeutlichen:

Beispiel

Sie möchten einem Kind die Reihenfolge der Planeten unseres Sonnensystems beibringen, auch wenn es sich streng genommen nicht mehr bei allen diesen Himmelskörpern um Planeten handelt.

Sonne

Merkur

Venus

Erde

Mars

Jupiter

Saturn

Uranus

Neptun

Pluto

In der Schule würde man ausschließlich linkshirnig vorgehen und Kindern die Reihenfolge durch Repetition beibringen. Das hat naturgemäß wenig Erfolg. Sie würden sich dagegen für den Einsatz der rechten Gehirnhälfte entscheiden und diese Planeten in einer Geschichte aufbereiten.

Stellen Sie sich vor, Sie liegen gemütlich in der **Sonne**, während ein Lied von Freddy Mercury im Hintergrund läuft (Mercury ist das englische Wort für **Merkur**). Plötzlich betritt eine kleine Göttin die Szene. Die **Venus**. Beschreiben Sie diese Göttin möglichst bildhaft. Die Venus nimmt nun **Erde** vom Boden und bestreut Sie damit von Kopf bis Fuß. Erbost möchten Sie, mit einem **Mars**riegel bewaffnet, auf dieses dreiste Wesen losstürmen. Doch dieser eilt plötzlich der Gott der Götter, nämlich **Jupiter**, zur Seite. Stellen Sie sich einen Riesen vor, da es sich immerhin um eines der Oberhäupter der Götter handelt. Während Sie ehrfurchtsvoll an diesem Riesen nach oben blicken, bemerken Sie, dass er eine Kette mit den drei großen Buchstaben SUN um den Hals trägt. Diese Buchstaben stehen für die Namen seiner Helfer **Saturn**, **Uranus**, **Neptun**. Ihnen eilt jedoch der Walt-Disney Hund **Pluto** zu Hilfe, der sich knurrend an das Hosenbein dieses Riesen hängt.

Um sich die Reihenfolge der Planeten in Erinnerung zu rufen, muss das Kind diese Geschichte als inneren Film ablaufen lassen. Wenn Sie einem Kind eine solche Geschichte erzählen, müssen Sie es nicht extra auffordern, in Bildern mitzudenken und alle Sinne einzusetzen. Kinder machen das automatisch. Wäre das Kind jedoch älter und schon einige Jahre in der Schule, wird es schwieriger. Ist das Kind noch älter und vielleicht schon erwachsen, wird es fast unmöglich. Man muss erst wieder erlernen, in Bildern mitdenken zu können.

Selbstverständlich müssen Sie sich nicht zu allen Informationen derartige Geschichten einfallen lassen. Sie sollten sich aber die Zeit nehmen, den Einsatz aller fünf Sinne bewusst zu trainieren. Dadurch wird der Einsatz der Sinne zur Gewohnheit und in demselben Maße verbessert sich Ihr natürliches Gedächtnis.

Das innere Kino

Nehmen Sie einen einfachen Roman zur Hand, am besten einen Roman mit vielen Landschaftsbeschreibungen. Sie können auch mit einem Kinderbuch beginnen. Da diese sehr einfach und bildhaft geschrieben sind, können Sie sich voll und ganz auf das Mitdrehen des inneren Filmes konzentrieren. Wissenschaftliche und sehr abstrakte Texte sind für diese Übung zu Beginn eher ungeeignet.

Lesen Sie einen Abschnitt und lehnen Sie sich zurück. Schließen Sie die Augen und visualisieren Sie das eben Gelesene vor dem inneren Auge. Stellen Sie sich vor, Sie sitzen in einem Kinosaal vor einer großen weißen Leinwand. Auf dieser Leinwand entstehen nun die ersten bewegten Bilder. Wenn der visuelle Kanal nicht Ihr Lieblingskanal ist, wird es Ihnen nicht leicht fallen, erste klare Bilder entstehen zu lassen. Das ist normal. Geben Sie nicht auf. Gerade in diesem Fall profitieren Sie besonders von dieser Übung. Sie werden erstaunt sein, welche Verbesserungen Sie hinsichtlich Ihres Gedächtnisses und Ihrer Konzentration erreichen.

Üben Sie für mindestens 5 Minuten. Nehmen Sie diese Übung in Ihren Trainingsplan auf. Sie werden bald parallel zum Lesen automatisch in Bildern mitdenken, ohne sich dafür zurücklehnen zu müssen. Sobald Ihnen diese neue Angewohnheit nicht mehr bewusst ist, haben Sie die Stufe der unbewussten Kompetenz erreicht.

Achten Sie darauf, dass Ihre Bilder immer klarer und bewegter werden. Setzen Sie bewusst Farben ein. Mit der Zeit werden Sie die imaginäre Leinwand nicht mehr benötigen. Setzen Sie auch alle anderen Sinne ein. So können Sie die Bilder besonders merkwürdig gestalten. Sie verschaffen sich auf diese Weise weitere assoziative Zugänge zu den Informationen. Die wichtigste Bedeutung hat aber der visuelle Kanal. Wenn es Ihnen gelingt, das auditive Signal des ständigen Subvokalisierens wenigstens zeitweise durch ein visuelles Signal zu ersetzen, sind Sie dem optimalen Lesen sehr nahe.

Außerhalb Ihrer Übungszeit müssen Sie während Ihres normalen Lesens nicht ständig in Bildern mitdenken. Behalten Sie das Ziel der Übung vor Augen. Indem Sie sich die Zeit nehmen, den Einsatz der Sinne bewusst zu trainieren, werden Sie diese beim Lesen automatisch immer mehr einsetzen. Natürlich schadet es auch beim Lesen außerhalb der Übungszeit nicht, sich ab und an zurückzulehnen und den Lesestoff zu visualisieren, vor allem wenn eine Stelle besonders wichtig ist.

Mit Ihren fünf Sinnen werden Sie konkret

In meinen Seminaren kommt häufig der Einwand, der Einsatz der fünf Sinne sei bei einfachen Romanen kein Problem, bei schwierigeren Texten aber schon. Das ist jedoch einzig und allein eine Übungssache. Sie können zu jedem abstrakten Begriff ein konkretes Bild finden. Wir können niemals einen abstrakten Begriff verstehen, wenn wir nicht wenigstens im Hinterkopf ein konkretes Bild dafür haben. Für das abstrakte Wort „Freiheit" hat der eine ein Bild vom großen, weiten Meer vor Augen. Ein anderer würde sich die Freiheitsstatue oder ein persönliches Ereignis vorstellen.

Machen Sie Texte durch Ihre fünf Sinne konkret. Ich habe diese Erfahrung zunächst mit juristischen Texten gemacht. Diese sind im Allgemeinen sehr abstrakt geschrieben. Als ich begonnen habe, mir während des Lesens zu den abstrakten Passagen konkrete Beispielfälle vorzustellen, hatte ich keine Probleme mehr damit, diese Informationen zu verstehen und dauerhaft zu behalten. Überlegen Sie sich ein konkretes Beispiel, wenn Ihnen Texte zu abstrakt werden. Konkretes lässt sich besser einprägen. Ein „farbiges Transportmittel" ist schwerer zu verarbeiten als ein „gelber Postwagen". Setzen Sie dazu Ihre fünf Sinne ein.

Abstrakte Beine

Ein amüsantes Beispiel liefert die folgende Geschichte:

Es sitzt ein Zweibein auf einem Dreibein und hält ein Einbein. Plötzlich kommt ein Vierbein und schnappt sich das Einbein, worauf das Zweibein mit dem Dreibein nach dem Vierbein wirft.

Diese Zeilen sind sehr abstrakt geschrieben. Sie müssen sich auf die Suche nach konkreten Bildern begeben. Setzen Sie Ihre fünf Sinne ein, um einen inneren Film zu drehen. Das Einbein könnte für eine Hähnchenkeule stehen. Der Knochen stellt das eine Bein dar. Für das Zweibein können Sie sich einen Menschen vorstellen. Ein Melkschemel besitzt meistens drei Beine und ersetzt damit unser Dreibein. Für das Vierbein können Sie sich ein Tier mit vier Beinen vorstellen. Nehmen wir einen Hund.

Auf dieser konkreten Ebene können Sie sich die Geschichte viel leichter merken. Es sitzt ein Zweibein (Mensch) auf einem Dreibein (Schemel) und hält ein Einbein (Hähnchenkeule). Plötzlich kommt ein Vierbein (Hund) und schnappt sich das Einbein (Hähnchenkeule), worauf das Zweibein (Mensch) mit dem Dreibein (Schemel) nach dem Vierbein (Hund) wirft. Lassen Sie diese Geschichte auf Ihrer inneren Leinwand ablaufen.

Mit Ihren fünf Sinnen erzeugen Sie Merkwürdigkeit

Ich habe schon häufiger erwähnt, dass Sie Inhalte merkwürdig gestalten müssen. Auch das können Sie ausschließlich durch Ihre Sinne erreichen. Übertreiben Sie in Ihren Bildern. Merkwürdige Bilder werden sich Ihrem Gedächtnis dauerhaft einprägen.

Mit Ihren fünf Sinnen erzeugen Sie Eindruck

Für Ihre Erinnerung ist der Eindruck, den eine Information hinterlässt, von entscheidender Bedeutung. Haben Sie als Kind auf eine heiße Herdplatte gefasst, so hat diese Erfahrung einen starken Eindruck auf Sie hinterlassen, in diesem Fall über den kinästhetischen Lernkanal. Sie müssen nicht weitere Male dieselbe Erfahrung machen, bevor Sie hinzulernen. Dasselbe gilt für Informationen in einem Text. Sofern diese beeindruckend sind, müssen sie nicht wiederholt werden, um im Gedächtnis zu bleiben, und Eindruck können Sie nur über Ihre Sinne erzeugen.

Es ist ausreichend, wenn Sie einzelne Stellen eines Buches beeindruckend gestalten, indem Sie besonders beeindruckende oder merkwürdige Bilder erstellen. Die restlichen Informationen werden sich assoziativ an diese Information anfügen. Befragt man ältere Menschen in den USA zu dem Attentat auf John F. Kennedy, können sie genau wiedergeben, wo sie zu diesem Zeitpunkt waren und was sie gemacht haben. Diese Informationen wurden durch das beeindruckende Ereignis mitabgespeichert. Die tragischen Ereignisse des 11. Septembers werden auf Sie einen ähnlich starken Eindruck hinterlassen haben. Bestimmt wissen Sie noch genau, wo Sie diese schrecklichen Bilder zum ersten Mal gesehen haben und mit wem Sie zusammen waren.

Punkte, die Sie in Erinnerung behalten sollten:

- Um Ihre Erinnerung an den Text zu verbessern, müssen Sie sich vier Gewohnheiten aneignen.
- Setzen Sie sich vor dem Lesen ein konkretes Leseziel.
- Aktivieren Sie Ihr Vorwissen, bevor Sie mit dem Lesen beginnen.
- Geben Sie Texte zeitnah in eigenen Worten wieder.
- Setzen Sie beim Lesen Ihre fünf Sinne ein. Sie haben dadurch fünf Zugänge, um sich an den Text zu erinnern. Nur über Ihre fünf Sinne können Sie den Inhalt eines Textes konkret, merkwürdig und beeindruckend gestalten. Zudem hängt Ihre Konzentrationsfähigkeit von Ihren fünf Sinnen ab.

Das Buch als Projekt

Fragen,

die Sie im Hinterkopf behalten sollten:

- ➲ In welchen Schritten bearbeite ich ein Buch?

- ➲ Warum ist das Setzen eines Leseziels so entscheidend?

- ➲ Wie hilft mir ein Überblick über das Buch beim Lesen?

- ➲ Wie markiere ich wichtige Stellen in einem Buch?

- ➲ Wie gehe ich mit schwierigen Stellen eines Buches um?

- ➲ Wozu verhilft mir ein kurzer Rückblick?

Das Buch als Projekt

Betrachten wir zum Abschluss das Buch als Projekt. Mit der folgenden Vorgehensweise können Sie sich den Inhalt eines jeden Buches effektiv erschließen. Je nach Bedeutung des Buches werden Sie die einzelnen Schritte mehr oder weniger intensiv befolgen. Einen grafischen Überblick zu diesem Lesezyklus finden Sie im Anhang auf Seite 200.

I. Die Ausgangsbasis

Der Ausgangspunkt ist Ihr jeweiliges Leseziel. Stellen Sie sich zumindest folgende Fragen:

- Zu welchem Zweck lese ich dieses Buch?
- Wie bedeutend oder wichtig ist dieses Buch für mich?
- Welche Informationen möchte ich aus diesem Buch herausholen?
- In welchem Bereich möchte ich das gewonnene Wissen anwenden?

Sie können auf diese Weise ständig kontrollieren, ob Sie Ihrem Ziel näher kommen und wann Ihr Leseziel erreicht ist.

> **Den Filter richtig einstellen**
>
> Durch das Setzen eines Lesezieles und das Stellen der richtigen Fragen, ziehen Sie die entscheidenden Informationen gewissermaßen an. Auf diese wird Ihr Bewusstsein automatisch seine Aufmerksamkeit richten. Sie stellen Ihre Filter neu ein.

> Dies ist ein alltäglicher Effekt, wie das folgende Beispiel zeigt. Sie möchten sich ein neues Auto kaufen und betreten ein Autohaus. Sie wählen ein Modell aus, sind sich aber über die Farbe noch unschlüssig. Schließlich entscheiden Sie sich für ein grünes Auto. Wenn Sie nun das Autohaus verlassen, werden Sie plötzlich überall grüne Autos sehen. Da Sie keine Autofarbe wollen, die jeder hat, gehen Sie in das Autohaus zurück und entscheiden sich für die Farbe blau. Beim Verlassen des Verkaufsraumes springen Ihnen plötzlich nur noch blaue Autos ins Auge.

II. Die Rahmenbedingungen

Achten Sie darauf, dass Sie sich während des Lesens in einem entspannten und konzentrierten Zustand befinden. Die Golfball-Übung wird Sie dabei unterstützen. Andernfalls erschweren Sie sich das Lesen und verschenken wertvolle Ressourcen.

III. Der Leseprozess

Nun beginnt die eigentliche Arbeit am Buch. Es wäre ineffektiv, auf Seite 1 zu beginnen und das Buch bis zum Ende zu lesen. Gehen Sie, zumindest bei wichtigen Büchern, in den folgenden Schritten vor.

Überblick

Verschaffen Sie sich zunächst einen Überblick über das Buch. Wenn Sie eine fremde Stadt erkunden, eine Fahrradtour oder eine längere Reise mit dem Auto antreten, ist dieser Schritt ganz selbstverständlich. Beim Lesen leider nicht.

Der Leseprozess

> **Das limbische System beruhigen**
>
> Erinnern Sie sich an Ihr limbisches Gehirn. Wenn das Gebiet nicht abgesteckt ist, fühlt es sich unwohl. Das limbische Gehirn braucht Orientierungspunkte. Ohne Karte und Kompass würden Sie sicher ungern einen Dschungel betreten. In ein Buch wagen Sie sich meistens ohne klaren Überblick.

Wissenswertes

Wir haben bereits angesprochen, dass sich bei bestimmten Büchern die Einordnung in den gesamten Wissensbereich lohnt. So verlieren Sie das Gesamtbild nicht aus den Augen. Entscheiden Sie anhand Ihres Leseziels, ob Ihnen das Buch diesen Schritt wert ist. Doch kommen wir zum einzelnen Buch zurück.

Lesen lässt sich sehr gut mit einem Puzzle vergleichen. Bei einem Puzzle würden Sie nicht das erstbeste Puzzleteil aus dem Karton nehmen und erst dann weitermachen, wenn Sie dieses Stück untergebracht haben. Sie würden zunächst einen Blick auf das Gesamtbild werfen. Was soll am Ende herauskommen? Eine Blumenwiese, eine Skyline? Diesen Schritt haben Sie bereits erledigt, indem Sie Ihr Leseziel bestimmt haben.

Als Nächstes würden Sie die vier Eckstücke heraussuchen. Gehen Sie bei einem Buch genauso vor. Wenden Sie sich nach einem Blick auf das Cover der Rückseite des Buches zu. Oftmals wird das Buch hier in knappen Worten zusammengefasst. Einen besseren Überblick können Sie nicht bekommen. Werfen Sie nun einen Blick auf das Inhaltsverzeichnis. Dieses gibt Ihnen die Struktur des Buches wieder. Wenn ein wichtiges Buch vor Ihnen liegt, dann halten Sie die Struktur in einer Visual Card fest. Diese sollten Sie während des Lesens in Sichtweite haben. Sie können jeden Satz des Buches in das „große Ganze" einordnen und verlieren nie den Überblick. Überfliegen Sie anschließend das Stichwort- und das Literaturverzeichnis des Buches, um einen Eindruck von Hintergrund und Schwerpunkten des Buches zu erhalten.

Im nächsten Schritt würden Sie bei einem Puzzle alle Randstücke heraussuchen. Sie geben Ihrem Puzzle dadurch den Rahmen vor. Bestimmen Sie in der gleichen Weise auch den Rahmen des Buches. An dieser Stelle bringen Sie das bereits angesprochene Scanning ins Spiel. Durch die Circling-Übung haben Sie diese Leseart bereits trainiert. Es ist eine Kunst, ein Buch in 5 bis 10 Minuten so durchzugehen, dass man einen guten Überblick über den Inhalt erhält. Zwar haben Sie keine Details verinnerlicht, können aber genau sagen, wie das Buch aufgebaut ist, ob sich ein weiterer Blick in das Buch lohnt und an welchen Stellen sich interessante Informationen befinden. Meiner Meinung nach ist diese Fähigkeit genauso wichtig wie das Lesen an sich, vielleicht sogar noch wichtiger. Denn die meiste Zeit ersparen Sie sich, wenn Sie sofort erkennen, dass ein Buch nicht lesenswert ist. Früher hätte ich ein Buch erst zu einem Drittel lesen müssen, um sicher zu wissen, dass es nichts Neues beinhaltet oder nicht gut ist. Zudem hätte ich früher mindestens 30 Minuten gebraucht, um einen tieferen Einblick in ein Buch zu erhalten. Heute benötige ich dafür höchstens 10 Minuten. Manchmal ist mein Leseziel danach erfüllt, weil ich die entscheidenden Informationen bereits gefunden habe.

Diese Fähigkeit, aus Büchern in wenigen Minuten die wichtigsten Eckdaten „auszulesen", sollten Sie als guter Leser unbedingt entwickeln. Dies habe ich vor allem in Buchhandlungen an Flughäfen trainiert. Zeitweise war ich mit meinen Seminaren in allen Städten Deutschlands unterwegs. Um Wartezeiten zu überbrücken, habe ich mehrere Bücher überflogen. Diese Fähigkeit verbessert sich erstaunlich schnell, vor allem unter dem kritischen Blick der Eigentümer des Buchladens. Viele Bücher, die ich früher gekauft hätte, konnte ich ruhigen Gewissens im Regal lassen.

> **Die Adler-Übung**
>
> Verlegen Sie Ihre Übungen an den idealen Ort. Trainieren Sie in Ihrer Lieblingsbuchhandlung. Halten Sie Ausschau nach interessanten Büchern und überfliegen Sie diese in höchstens 10 Minuten. Versuchen Sie, in dieser Zeit so viele Informationen wie möglich aus dem Buch zu „ziehen". Beim Überfliegen müssen Sie die Stellen ausfindig machen, die die meisten Informationen enthalten. Ich werde mich im Folgenden auf Sachbücher beziehen.
>
> Sie müssen sozusagen das „Fleisch" aus dem Buch holen. Diese Leseart nennt man „Skimming". Sie lesen die Stellen, die erfahrungsgemäß das meiste Wissen vermitteln. Das sind der erste und der letzte Abschnitt eines Kapitels. Im ersten Absatz wird in vielen Büchern ein Überblick über das Kapitel gegeben und im letzen Absatz werden die Erkenntnisse meistens zusammengefasst. Zudem ist der erste Satz eines jeden Absatzes interessant. Denn zu über 95 Prozent wird das Thema eines Absatzes im ersten Satz genannt. Sofern Ihnen das Buch gehört, sollten Sie bereits die Phase des Überfliegens dafür nutzen, wichtige Stellen durch Striche am Rand zu markieren. Korrigieren können Sie diese Entscheidung immer noch. Doch dazu später mehr.
>
> Gehen Sie mit dieser Kombination aus Scanning und Skimming über ein Buch. Stellen Sie sich vor, Sie fliegen mit einem Hubschrauber über eine Insel und wollen diese erkunden.

> Überfliegen Sie die Insel mit einem gewissen Abstand, um den Gesamtüberblick zu behalten. An bestimmten Stellen fliegen Sie tiefer, um Landstriche von nahem zu betrachten. Anschließend fliegen Sie wieder in größerer Höhe über die Insel, gleich einem Adler, der das Gebirge erkundet. Erstellen Sie gegebenenfalls zur Übung eine Visual Card zum gesamten Buch. Diese „Master Visual Card" erleichtert Ihnen während der Durcharbeit des Buches die Orientierung. Es fällt Ihnen dadurch leichter, die Inhalte des Buches einzuordnen und in Ihrem Wissensnetz abzulegen.
>
> Manche Bücher werden Sie in Zukunft ausschließlich auf diese Weise lesen. Wenn ich zum Beispiel in einem Kommentar auf der Suche nach Informationen zu einem aktuellen Mandatsfall bin, überfliege ich den Kommentar zunächst in großen S-Kurven, so dass ich noch mitbekomme, welche Themen diese Passagen enthalten. Wenn es interessanter wird, werden diese S-Kurven enger, bis ich schließlich die entscheidenden Stellen gefunden habe und in ein zeilenweises Lesen übergehe. Sobald es uninteressanter wird, werden die S-Kurven wieder weiter.
>
> Romane dagegen liest man meistens alleine aus Freude am Lesen oder um sich die Zeit zu vertreiben. Es würde keinen Sinn machen, einen Kriminalroman zunächst zu überfliegen, an das Ende des Buches zu springen, um herauszufinden, wer der Täter ist und das Buch dann in kürzester Zeit durchzuarbeiten. Beim Lesen zum Zeitvertreib oder zum Genuss gibt es außer dem Spaß am Lesen kein Leseziel, so dass es egal ist, wie lange Sie sich mit einem Buch befassen. Aber auch ein solches Buch würde ich nicht langsam lesen, da es mit einer herkömmlichen Lesegeschwindigkeit kaum möglich ist, in ein Buch einzutauchen und es als inneren Film mitzuerleben.

Durch das Überfliegen haben Sie die ersten groben Wissensfäden in Ihrem Wissensnetz erstellt. Sie haben die idealen Voraussetzungen geschaffen, Details problemlos in Ihr Wissensnetz einzubinden.

Am Ende des Überfliegens sollten Sie in der Lage sein, das Buch in geeignete Leseetappen einzuteilen. Bei einem dicken Buch verliert man ansonsten die Motivation, wenn man ständig vor Augen hat, wie viele Seiten noch vor einem liegen. Wenn Sie das Buch in Einheiten aufteilen, wird es weniger bedrohlich erscheinen. Denken Sie an einen Marathonläufer. Spätestens nach 30 Kilometern fällt das Laufen schwer. Doch das Ziel vor Augen mobilisiert jeder Läufer unglaubliche Kräfte und setzt zu einem Endspurt an. Nutzen Sie diesen Marathon-Effekt beim Lesen durch das Setzen von Zwischenzielen. Auch die „Buddenbrooks" von Thomas Mann lassen sich auf diese Weise ohne ein Gefühl des „Erschlagenseins" lesen. Daher stammt wohl auch die Antwort auf die Frage, wie man einen Elefanten isst. Nämlich ein Stück nach dem anderen. Auf dieselbe Weise erschließen Sie sich ein komplexes Buch. Eine Etappe nach der anderen.

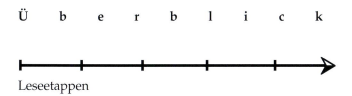

Durcharbeit

Nehmen Sie sich eine Einheit nach der anderen vor. Überfliegen Sie die erste Leseetappe zunächst in wenigen Minuten, um weitere Orientierungspunkte für Ihr limbisches Gehirn zu sammeln. Fliegen Sie dabei etwas tiefer als beim Gesamtüberblick. Wenn Sie wissen, was Sie erwartet, werden Sie beim anschließenden Lesen zügiger vorankommen. Denn ohne den Überblick fühlt man sich unwohl. Markieren Sie wichtige Stellen mit Bleistiftstrichen am Rand.

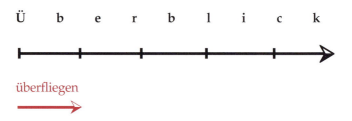

Vielleicht ist Ihr Leseziel für diese Leseetappe schon erfüllt. Entweder weil Sie die Informationen, nach denen Sie auf der Suche waren, schon gefunden haben oder weil Sie feststellen mussten, dass in diesem Abschnitt nichts Interessantes steckt. Andernfalls lesen Sie diese Etappe nun im Detail. Beschleunigen Sie an Stellen, von denen Sie durch das Überfliegen wissen, dass Sie nicht besonders wichtig sind. Unbedeutende Stellen können Sie beruhigt überspringen. Sie werden auch die übrigen Stellen sehr zügig lesen, da Sie das „Gebiet" bereits kennen. Markieren Sie wichtige Stellen.

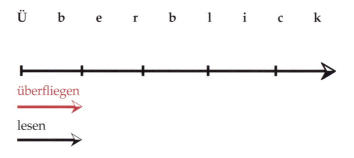

Vergegenwärtigen Sie sich, was Sie als aktives Wissen oder an Einsichten mitgenommen haben. Haben Sie Ihr Leseziel erreicht?

Wenn dies der Fall ist, können Sie zur nächsten Leseetappe vorrücken und diese in derselben Art und Weise bearbeiten. Fahren Sie bis ans Ende des Buches fort. Sollten Sie Ihr Leseziel nach dem Durchgang noch nicht erreicht haben, bleibt Ihnen nichts anderes übrig, als den Abschnitt noch einmal zu lesen. Sie können sich nun aber auf die wichtigen Stellen konzentrieren. Stellen Sie sich nach diesem zweiten Lesedurchgang erneut die Frage, ob Sie Ihr Leseziel erreicht haben.

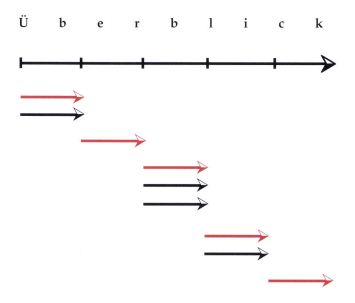

Sie müssen jedoch Ihre Zeitplanung im Auge behalten. Wie lange können Sie sich überhaupt mit einem Buch beschäftigen? Müssen Sie zum Beispiel zehn Bücher in zehn Tagen bearbeiten, dann können Sie nicht acht Tage mit einem Buch verbringen. Setzen Sie daher im Voraus einen klaren zeitlichen Rahmen für das Buch. Ebenso sollten Sie sich für die einzelnen Leseetappen ein zeitliches Limit setzen.

Das Buch als Projekt

Der richtige Umgang mit Markierungen

Ich habe mir angewöhnt, wichtige Stellen mit einem Bleistiftstrich am Rand des Buches zu markieren. Erstrecken Sie die Markierung über die Anzahl wichtiger Zeilen. Früher habe ich wichtige Stellen direkt mit einem Textmarker hervorgehoben. Nur allzu oft musste ich beim Weiterlesen feststellen, dass sich die angeblich wichtigen Informationen als doch nicht so wichtig herausstellten. Vielmehr wurde ein oder zwei Absätze weiter berichtet, dass dieses Wissen veraltet ist und nunmehr etwas anderes gilt. Markierungen mit einem Textmarker lassen sich nicht mehr beseitigen. Bleistiftstriche können Sie sofort wieder entfernen.

Zudem sollte man mit einem Textmarker nur einzelne Schlüsselwörter markieren und keine ganzen Sätze. Damit hat man jedoch meistens Probleme, da man das lineare Denken aus der Schule gewohnt ist. Sind aber einige Zeilen oder sogar ein ganzer Absatz am Rand mit einem Bleistiftstrich gekennzeichnet, fällt es leicht, innerhalb des Absatzes nur noch einzelne wichtige Schlüsselwörter zu unterstreichen oder mit einem Textmarker hervorzuheben.

Sie können auf diese Weise auch in der Gewichtung der markierten Stellen unterscheiden. Einige Zeilen haben Sie bereits beim Überfliegen mit einem Strich am Rand versehen. Wenn Sie beim Lesen der Ansicht sind, dass eine Stelle besonders wichtig ist, setzen Sie einen zweiten Strich neben den ersten. Für herausragend wichtige Stellen setzen Sie einen dritten Strich dazu. Dies wird an nur wenigen Stellen eines Buches der Fall sein. Innerhalb der wichtigen Stellen des Buches sollten Sie die wichtigen Schlüsselwörter mit einem Textmarker hervorheben.

Wenn Sie ein Buch nach einer gewissen Zeit noch einmal zur Hand nehmen, haben Sie die wichtigen Stellen sofort vor Augen. Sie können das Buch in kurzer Zeit durchgehen und sich auf die Stellen mit zwei oder drei Strichen konzentrieren. Dabei brauchen Sie nur die markierten Schlüsselwörter zu überfliegen, um sich das gesamte Buch noch einmal zu vergegenwärtigen.

Der richtige Umgang mit schwierigen Stellen

Wenn Sie an einer schwierigen Stelle nicht weiterkommen und Verständnisprobleme haben, fehlt Ihnen das erforderliche Vorwissen. Es bringt nichts, sich festzubeißen. Effektiver ist es, diese Stelle mit einem bestimmten Symbol zu kennzeichnen und später wieder hierher zurückzukommen. Sie können diesen Textbereich dann mit Wissen von beiden Seiten angehen. Sie sparen sich dadurch Zeit. Ich habe mich früher an schwierigen Passagen festgebissen, nur um feststellen zu müssen, dass sich wenige Absätze weiter die noch fehlenden Informationen befanden, durch die sich das Problem in Luft auflöste. Durch ein zügiges Weiterlesen hätte ich mir viel Mühe und Zeit erspart. Zudem hat das Gehirn die Fähigkeit, an fehlenden Stücken unbewusst weiterzuarbeiten. Hatten Sie nicht auch schon das Erlebnis, dass Sie sich an einem Problem die Zähne ausbissen und die Lösung plötzlich auftauchte, als Sie nicht mehr an Ihr Problem dachten?

Schwierige Stücke würden Sie bei einem Puzzle ebenfalls zurücklegen. Wie schwer dieses Stück auch immer sein mag, wenn in Ihrem Puzzle nur noch ein Teil fehlt, ist es ein Kinderspiel, dieses Stück unterzubringen.

Rückblick

Sie haben sich bisher einen Überblick über das gesamte Buch verschafft und dieses anschließend in Einheiten aufgeteilt. Zum Abschluss sollten Sie die einzelnen Stücke in einem Schnelldurchlauf wieder zu einem Gesamtbild zusammensetzen. Überfliegen Sie das Buch noch einmal in 5 Minuten. Die Zusammenhänge werden Ihnen deutlicher. Dieser letzte Schritt ist für die Integration des Buches in Ihrem Kopf von entscheidender Bedeutung.

Das Buch als Projekt

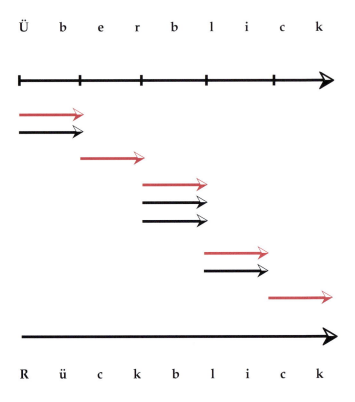

Im Vergleich zu früher erhalten Sie durch diese Schritte einen tieferen Einblick in ein Buch. Sie werden sich das Buch zu eigen machen und die Inhalte nach dem Lesen aktiv wiedergeben können. Vielleicht haben Sie beim Durchlesen dieses Kapitels zunächst das Gefühl, dass Sie für ein Buch mehr Zeit benötigen. Ich kann Ihnen versichern, dass Sie mit etwas Übung auf diese Weise schneller durch ein Buch kommen als mit der herkömmlichen Herangehensweise. Sie behalten zudem mehr, da Sie das Buch in mehreren Schritten bearbeiten.

Punkte, die Sie in Erinnerung behalten sollten:

- Lesen lässt sich mit einem Puzzle vergleichen.
- Beginnen Sie mit einem klaren Leseziel. Sie werden dadurch achtsamer für die entscheidenden Inhalte eines Buches.
- Verschaffen Sie sich zunächst einen Überblick über das Buch, damit Sie das Gesamtbild nicht aus den Augen verlieren. Teilen Sie das Buch in Leseetappen auf.
- Gehen Sie Etappe für Etappe durch das Buch. Überfliegen Sie zunächst jeden Abschnitt, bevor Sie ihn lesen. Überprüfen Sie ständig, ob Ihr Leseziel erfüllt ist.
- Markieren Sie wichtige Stellen durch Striche am Rand.
- Schwierige Stellen sollten Sie zunächst überspringen, um sich diesen später mit Wissen von beiden Seiten zu nähern.
- Ein Rückblick hilft Ihnen, die Zusammenhänge des Buches zu erkennen.

Den Ausblick genießen

Herzlichen Glückwunsch. Wir sind am Gipfel angekommen. Haben Sie Ihrem Training ausreichend Zeit gewidmet, gehören Sie nun zu der sehr kleinen Gruppe von Lesern, die schnell und mit gutem Verständnis liest.

Es wird aber ständig neue Ziele geben. Zum Glück, denn andernfalls wäre die Reise ein für alle Mal beendet. Blicken Sie sich um. Sie werden feststellen, dass es in der Umgebung Gipfel gibt, die noch höher liegen. Zwar ist unsere gemeinsame Reise nun zu Ende. Aber mit den Techniken, die Sie sich auf dem ersten Aufstieg angeeignet haben, werden Sie alle weiteren Gipfel alleine besteigen können. Weiteres Wissen oder andere Übungen benötigen Sie nicht.

Sie werden Ihre Fähigkeiten, den Text als inneren Film zu sehen, die Strukturen eines Textes zu erkennen und in mehreren Zeilen zu lesen, immer weiter verbessern können. Der weltbekannte Cellist und Komponist Pablo Casals wurde mit 90 Jahren gefragt, warum er immer noch vier bis fünf Stunden täglich übe. Er antwortete darauf: „Weil ich den Eindruck habe, ich mache Fortschritte."

Aber behalten Sie vor Augen, dass Perfektion nie das angestrebte Ziel ist. Das Streben nach Perfektion macht unglücklich. Wenn Sie dieses Buch nicht nur gelesen, sondern bearbeitet haben, werden Sie bereits über beachtliche Lesefähigkeiten verfügen. Sie sind anderen Menschen beim Lesen um Meilen voraus. Solange Sie mit Ihrer Lesefähigkeit glücklich und zufrieden sind, haben Sie das wichtigste Ziel erreicht.

Der Lesezyklus als Visual Card®

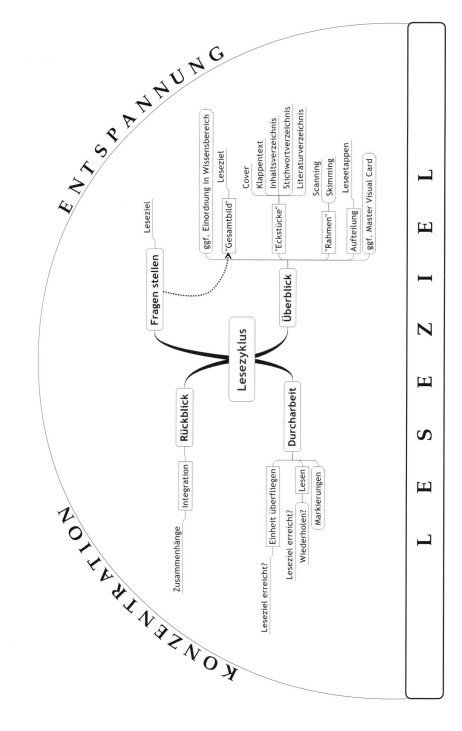

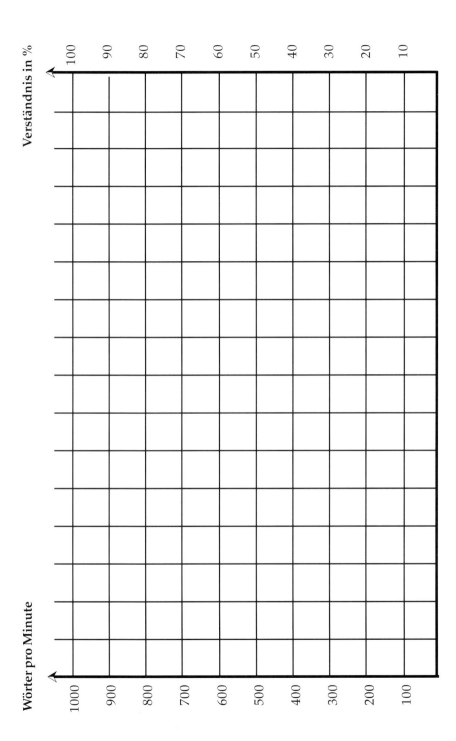

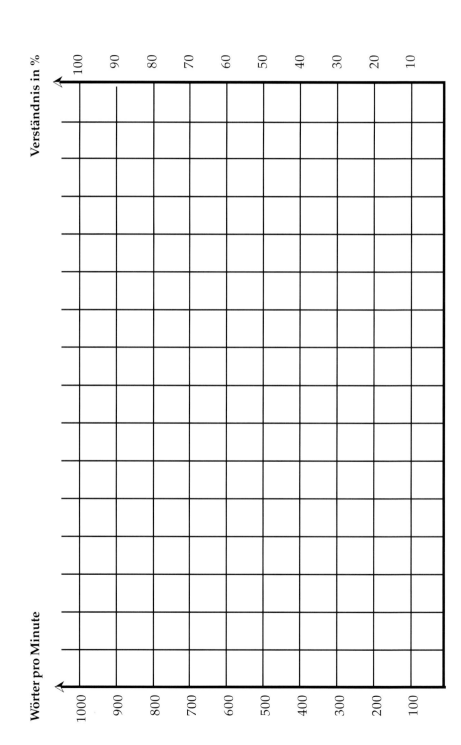

25 Bücher der Weltgeschichte

Machiavelli, Niccolò (1469-1527)
Der Fürst, 1532

In seinem berühmtesten Werk beschreibt Machiavelli wie ein Herrscher politische Macht gewinnen und bewahren kann. Die Begründung der Lehre von der Staatsräson. Obwohl schon 500 Jahre alt, gilt „Der Fürst" immer noch als Pflichtlektüre für alle, die sich mit Politik beschäftigen. Aus den Ideen bildete sich eine eigene politische Maxime, der Machiavellismus.

Montaigne, Michel Eyquem de (1533-1592)
Essais, 1580

Mit seinem Hauptwerk, den „Essais", begründete der unorthodoxe Humanist, Skeptiker und Moralphilosoph die literarische Kunstform des Essays. Seine vorurteilsfreie Menschenbetrachtung und sein liberales Denken leiteten die Tradition der französischen Moralisten ein und beeinflussten weltweit zahlreiche Philosophen und Schriftsteller nach ihm, unter ihnen Voltaire und Friedrich Nietzsche. Die „Essais" gehören zu den größten Werken der Literaturgeschichte. Sie sind eine Sammlung von in sich abgeschlossenen Betrachtungen zu einem bestimmten Themengebiet und stellen eine Fundgrube der Lebensphilosophie dar.

Hobbes, Thomas (1588-1679)
Leviathan, 1651

Hobbes führte die staatliche Ordnung allein auf einen Vertrag zwischen gleichen und freien Individuen zurück und kann damit zu den Begründern einer modernen liberalen Staatsauffassung gezählt werden. Seine Thesen sind damals wie heute so stark umstritten wie es sonst nur noch bei Machiavelli der Fall ist. Sein grandioses Meisterwerk „Leviathan" zählt aber zu den bedeutendsten staatstheoretischen Texten der Neuzeit. Ein Schlüsseltext unseres eigenen politisch-philosophischen Selbstverständnisses.

Newton, Isaac (1643-1727)
Die mathematischen Prinzipien der Naturlehre, 1687

„Die mathematischen Prinzipien der Naturlehre" gelten als das bedeutendste Werk in der Geschichte der Naturwissenschaft. Newton integrierte alle bisherigen Erkenntnisse in einer neuen, rational begründeten Synthese. Er lieferte der Menschheit damit ein neues Bild der Welt, in welchem die Herrschaft Gottes durch die Gesetze der Kausalität und Mechanik abgelöst wird.

Locke, John (1632-1704)
Zwei Abhandlungen über die Regierung, 1690

Dieses Werk gilt als Magna Charta des Liberalismus. Es ist die mit Abstand einflussreichste Schrift bei der Entwicklung der Demokratie und des Parlamentarismus. Locke erklärt in seinem Werk die Gleichheit, Freiheit und das Recht auf Unverletzlichkeit von Person und Eigentum zu obersten Rechtsgütern. Zudem begründet er die Notwendigkeit der Gewaltenteilung. Thomas Jefferson, dem Verfasser der US-amerikanischen Unabhängigkeitserklärung, wurde der Vorwurf gemacht, er habe von Locke abgeschrieben. Auch der französische Verfassungsentwurf von 1791 wurde von diesem Werk mitgeprägt.

Voltaire, urspr. François Marie Arouet (1694-1778)
Candide oder Der Optimismus, 1759

Voltaire war einer der einflussreichsten Autoren der europäischen Aufklärung. In Frankreich nennt man das 18. Jahrhundert deshalb auch „das Jahrhundert Voltaires". Mit seiner Kritik an den Missständen des Absolutismus und der Feudalherrschaft sowie am Deutungs- und Machtmonopol der katholischen Kirche war er einer der wichtigsten Wegbereiter der Französischen Revolution. In seinem philosophischen Roman „Candide oder Der Optimismus" kehrt Voltaire die von Leibniz aufgestellte These von »dieser Welt als der besten aller möglichen« ins Ironische um, indem er die

Welt als eine in sich fragwürdige Konstruktion darstellt. Der Roman ist eines der wichtigsten Werke der französischen Aufklärung.

Rousseau, Jean-Jacques (1712-1778)
Vom Gesellschaftsvertrag, 1762

Rousseau war ein französisch-schweizerischer Philosoph, Pädagoge, Komponist und einer der einflussreichsten Schriftsteller des 18. Jahrhunderts. Er entwickelte in seiner Schrift „Vom Gesellschaftsvertrag oder Grundsätze des politischen Rechts" eine Lehre der Volkssouveränität. Er entwirft das Ideal einer freien gesellschaftlichen Vereinigung, in der jeder Bürger und dessen Eigentum den ungeteilten Schutz des Staates genießen. Seine Verteidigung des Gemeinwillens gegenüber dem absolutistischen Staat bildete die theoretische Grundlage der Französischen Revolution.

Goethe, Johann Wolfgang (1749-1832)
Die Leiden des jungen Werthers, 1774

„Die Leiden des jungen Werthers" war Goethes erster Roman, der ihn beinahe über Nacht in Deutschland berühmt werden ließ. Kein weiteres Buch Goethes wurde von so vielen seiner Zeitgenossen gelesen. Das Buch traf den Nerv seiner Zeit. Eine ganze Generation hat sich in Werthers Weltschmerz wiedererkannt. Es gab die Werther-Mode (gelbe Hose, gelbe Weste, blauer Rock), die berühmte Werther-Tasse und sogar ein Eau de Werther. Eine Selbstmordwelle rollte durch das Land. Seit den 1970er Jahren befasst sich die Psychologie mit dem Phänomen von „medial vermittelten Nachahmungs-Suiziden", das unter dem Namen Werther-Effekt bekannt ist.

Smith, Adam (1723-1790)
Der Wohlstand der Nationen, 1776

Smiths Werk wurde zum Wegbereiter des Wirtschaftsliberalismus und zu einem der theoretischen Grundpfeiler des westlichen

Wirtschaftssystems. Es ist das erste und bedeutendste unter den klassischen Werken der Volkswirtschaft. Smith sieht im Wettbewerb als Quelle der Arbeitsteilung den Motor der Produktivitätssteigerung und des wirtschaftlichen Fortschritts. Dieser Fortschritt werde durch Eingriffe des Staates zum Schutze Einzelner behindert. Dagegen werde die freie Entfaltung aller wirtschaftlichen Kräfte dafür sorgen, dass die eigensüchtigen Interessen der einzelnen zum Wohle aller zusammenwirken.

Kant, Immanuel (1724-1804)
Kritik der reinen Vernunft, 1781

In diesem Werk bestimmt Kant das Verhältnis von Gegenstand und Erkenntnis grundlegend neu. Die Bedingungen der Erkenntnis eines Gegenstandes sind zugleich die Bedingungen des Gegenstandes der Erkenntnis. Mit anderen Worten: Der Mensch kann nur erkennen, was er überhaupt wahrnehmen kann und wofür er Begriffe hat. Mit dieser so genannten „kopernikanischen Wende" markiert Kant eine Zäsur in der Geschichte der Philosophie, so dass man seitdem die Philosophiegeschichte als „vorkritisch" oder „nachkritisch" etikettierte.

Hegel, Georg Friedrich Wilhelm (1770-1831)
Phänomenologie des Geistes, 1807

Die Phänomenologie des Geistes von Hegel stellt den Höhepunkt der philosophischen Entwicklung des deutschen Idealismus dar. Hegel entwickelt das Emporsteigen des Geistes von der einfachen, naiven Wahrnehmung über das Bewusstsein, das Selbstbewusstsein, die Vernunft bis hin zum absoluten Wissen des Weltgeistes. Dieser Entwurf einer sich in dialektischen Umschwüngen zwischen These, Antithese und Synthese entwickelnden Geschichte wurde zum Ausgangspunkt der ideologischen Auseinandersetzungen zwischen Linken und Rechten. Es wurden die Begriffe der Links- und Rechtshegelianer geprägt.

Schopenhauer, Arthur (1788-1860)
Die Welt als Wille und Vorstellung, 1819

Schopenhauer vertrat als einer der ersten Philosophen des 19. Jahrhunderts die Überzeugung, dass der Welt ein irrationales Prinzip zugrunde liegt. In seinem Hauptwerk „Die Welt als Wille und Vorstellung" erklärt er den Menschen zu einem Triebwesen und den Intellekt zum bloßen Diener des Triebs. Sein pessimistisches Menschen- und Weltbild wurde bis weit ins 20. Jahrhundert hinein in Philosophie, Psychologie und Kunst lebhaft diskutiert. Das Werk ist insgesamt durch buddhistisches Gedankengut beeinflusst, was zu dem Zeitpunkt ein Novum in der deutschen Philosophie darstellte.

Clausewitz, Karl von (1780-1831)
Vom Kriege, 1832-1834

Clausewitz nahm an fast allen Kriegen gegen Napoleon teil, arbeitete an der preußischen Heeresreform mit und wurde Leiter der Berliner Kriegsakademie. „Vom Kriege" gilt als das bedeutendste Werk, das jemals über die Kriegsführung verfasst wurde. Seine Theorien über Strategie und Taktik hatten großen Einfluss auf die Entwicklung des Kriegswesens in allen westlichen Ländern. Sie werden bis heute an allen wichtigen Militärakademien gelehrt und finden zudem im Bereich der Unternehmensführung sowie im Marketing Anwendung.

Darwin, Charles (1809-1882)
Von der Entstehung der Arten durch natürliche Zuchtwahl, 1859

Darwin war ein britischer Naturforscher und gilt als einer der bedeutendsten Naturwissenschaftler überhaupt. Darwins Buch hat wie keine andere Schrift vor oder nach ihm das bisher geltende Weltbild erschüttert. Wie kein zweites Buch beeinflusste dieses die Entwicklung der modernen Naturwissenschaften. Im Mittelpunkt steht die Begründung der Theorie von der Evolution der Tierarten einschließlich des Menschen durch das Überleben der am besten an die natürlichen Umweltbedingungen angepassten Spezies. Damit wurden jahrhundertelang geglaubte Vorstellungen aus dem biblischen Schöpfungsbericht über den Haufen geworfen.

Mill, John Stuart (1806-1873)
Über die Freiheit, 1859

Mill war ein englischer Philosoph und Ökonom und einer der einflussreichsten liberalen Denker des 19. Jahrhunderts. Er war Anhänger der Gruppe der Utilaristen, die „das größte Glück der größten Anzahl" zum Kriterium der Ethik und der Politik machten. In seinem Essay „Über die Freiheit", der als Klassiker des Liberalismus gilt, bezeichnet Mill die Freiheit des Einzelnen als das größte Glück der größten Anzahl. Diese Schrift vermittelte einer ganzen Generation eine positive Einstellung zur Gewissens-, Meinungs- und Handlungsfreiheit.

Marx, Karl (1818-1883)
Das Kapital, 1867

Marx gilt als einflussreichster wie umstrittenster Theoretiker des Kommunismus, der sich insbesondere um eine wissenschaftliche Kritik des Kapitalismus bemühte. Kaum ein theoretisches Werk hat die Welt so stark verändert wie „Das Kapital" von Karl Marx. Es hat seinen ewigen Platz in der Geschichte der bedeutendsten Werke der Ökonomie. Marx prangerte die Ausbeutung der Arbeiterklasse, die psychische Vereinsamung des Arbeiters und den wachsenden Reichtum auf Seiten derer, die ohnehin schon alles haben, an.

Tolstoi, Lew Nikolajewitsch (1828-1910)
Krieg und Frieden, 1869

Krieg und Frieden gilt als eines der bedeutendsten Werke der Weltliteratur. Es konzentriert sich auf Napoleons Feldzug gegen Moskau und den russischen Widerstand. Die geschickte Verknüpfung der zahlreichen Handlungsstränge und die sprachliche Intensität, mit der Tolstoi seine Figuren zum Leben erweckte, ließen sein Werk zu einem Meilenstein der russischen Literaturgeschichte werden.

Dostojewski, Fjodor Michailowitsch (1821-1881)
Die Brüder Karamasow, 1880

„Die Brüder Karamasow" stehen in ihrem Rang als literarische Figuren auf einer Stufe neben Don Quijote, Don Juan oder Faust. Der Roman entfaltet eine Fülle tiefer Gedanken über die christliche Religion und die in ihr aufgehobenen menschlichen Grundfragen nach Schuld und Sühne, Leid und Mitleid, Liebe und Versöhnung. Sigmund Freud sagte, dass „Die Brüder Karamasow" der beste Roman sei, der jemals geschrieben wurde.

Nietzsche, Friedrich (1844-1900)
Also sprach Zarathustra, 1883-1885

Nietzsche selbst bezeichnete „Also sprach Zarathustra" als „das tiefste Buch, das die Menschheit besitzt". In ihm finden sich wichtige Motive der Philosophie Nietzsches: der „Tod Gottes", der „Übermensch" und der „Wille zur Macht". Nietzsche zufolge ist der Hauptgedanke des Werkes aber die Lehre der ewigen Wiederkunft, nach der alles Geschehen sich schon unendlich oft wiederholt hat und noch unendlich oft wiederholen wird. Der Einfluss des Buches auf die Nazis ist umstritten.

Freud, Sigmund (1856-1939)
Die Traumdeutung, 1900

Freud hat mit seinem Werk nicht nur zur Entwicklung und Verbreitung der Psychologie maßgeblich beigetragen. Er hat ebenso Soziologie, Kulturanthropologie und Philosophie inspiriert und beeinflusst. „Die Traumdeutung" präsentiert die Grundzüge der psychoanalytischen Theorie und Praxis.

Mann, Thomas (1875-1955)
Buddenbrooks, 1901

Bereits mit Mitte zwanzig veröffentlichte Mann sein Werk „Buddenbrooks", für das er 1929 den Nobelpreis für Literatur erhielt. Er gilt als der bedeutendste Gesellschaftsroman in deutscher Sprache. Geschildert wird der Verfall der Kaufmannsfamilie Buddenbrook in einer norddeutschen Hansestadt von 1835 bis 1877. Obwohl im Roman nicht genannt, ist als Ort der Handlung die Stadt Lübeck auszumachen, der Geburtsort des Autors. Thomas Mann lehnt sich in diesem Roman stark an Personen und Ereignisse aus seiner eigenen Familiengeschichte und Familientradition an.

Proust, Marcel (1871-1922)
Auf der Suche nach der verlorenen Zeit, 1913-1927

Prousts Hauptwerk ist „Auf der Suche nach der verlorenen Zeit" in sieben Bänden. Dieser monumentale Roman gilt als eines der bedeutendsten erzählenden Werke des 20. Jahrhunderts. Er ist eine fiktive Autobiographie mit raffinierter Struktur: Ein anonymes „Ich", das sich nur an einer einzigen Stelle des Romans „Marcel" nennt, erzählt von seinen zum Teil vergeblichen Versuchen, sich an seine Kindheit und Jugend zu erinnern. Für Proust ist das Erinnern eine Form überwältigender unwillkürlicher Erfahrung, die man weder beim Ereignis selbst erlebt, noch durch bewusst gesteuerte Erinnerungsarbeit herbeiführen kann.

Einstein, Albert (1879-1955)
Grundlagen der allgemeinen Relativitätstheorie, 1916

Seine Beiträge zur theoretischen Physik veränderten maßgeblich das physikalische Weltbild. Das Time Magazin wählte ihn im Jahr 2000 zur „Person des Jahrhunderts". In seinem Hauptwerk zur Relativitätstheorie weist er nach, dass alle Beobachtungen vom Beobachtungsstandort abhängen und dass es deshalb keinen objektiven Raum und keine objektive Zeit gibt.

Joyce, James (1882-1941)
Ulysses, 1922

Kein anderes Buch hat so viel Aufsehen erregt wie „Ulysses", dem bereits vor seiner Veröffentlichung Skandale und Gerichtsverhandlungen vorausgingen. Der Roman zählt aufgrund seiner neuartigen Erzähltechnik, seines vielschichtigen Aufbaus und seiner exemplarischen Zeitbehandlung zu den bedeutenden Werken der Literatur. „Ulysses" ist das moderne Gegenstück zu Homers „Odyssee". Er wird häufig an die Seite des „Faust" oder der „Divina Commedia" gestellt. Denn er verbindet die Summe der literarischen Formen, die Geschichte einer Gesellschaft, das symbolische Wissen einer Kultur und ein Inventar der Gegenwart miteinander. Niemals zuvor hat ein Schriftsteller den Leser so restlos in ein anderes Bewusstsein entführt.

Kafka, Franz (1883-1924)
Der Prozess, 1925

Mit „Der Prozess" schuf Kafka ein Jahrhundertwerk, das die Existenzbedingungen des Individuums radikal neu formulierte. Sein Roman entführt in eine alptraumartige Welt. Der unschuldige Bankbeamte Josef K., dem von einer mysteriösen Behörde der Prozess gemacht werden soll, sinkt immer tiefer ins Gestrüpp undurchschaubarer Gesetze und menschlicher Verwirrungen. Man verwendet inzwischen das Adjektiv „kafkaesk", wenn eine unheimliche oder bedrohliche Atmosphäre beschrieben wird, in der sich klaustrophobische Enge und labyrinthische Unübersichtlichkeit mit schriller Absurdität mischen.

Literaturverzeichnis

Adams, W.R.: *Increasing Reading Speed.* Macmillan, 1982

Adler, M. J. & van Doren, C.: *How to read a book.* Simon & Schuster, 1972

Agardy, F. J.: *How to Read Faster and Better.* Simon & Schuster, 1983

Bean, T. W. : *Rapid Reading for Professional Success.* Hunt Publishing, 1983

Berg, H. S.: *Super Reading Secrets.* Warner Books, 1992

Berg, H. S. & Conyers, M. A.: *Speed Reading the easy way.* Barron´s Educational Series, 1998

Cohen, E. L.: *Reading Faster for Ideas.* Holt Rinehart & Winston, 1984

Comen, M. J.: *What you need to know about Reading Comprehension.* Contemporary Publishing Company, 1991

Cutler, W. E.: *Triple Your Reading Speed.* Pocket Press, 2003

Davis, R.: *Legasthenie als Talentsignal.* Droemer Knaur, 2001

de Leeuw, M. & de Leeuw, E.: *Read Better, Read Faster.* Penguin, 1999

DeLong, J.: *Speed Read to Consciousness.* Authorhouse, 2003

Frank, S. D.: *Remember everything you read.* Avon, 1992

Frank, S.: *Speed Reading Secrets.* Adams Media, 1998

Fritsch, E. L. & Rosenblatt, N.: *Master Reader.* Gildan Media, 2005

Geisselhart, R. R. Hofmann-Burkhart, C.: *Stress ade.* Haufe 2002

Group, P. L.: *21st Century Guide to Increasing Your Reading Speed.* Laurel, 1997

Grüning, C.: *Garantiert erfolgreich lernen.* Verlag Grüning, 2006

Higbee, K. L.: *Your Memory: How it works and how to improve it.* Marlowe & Company, 1996

Holler, J.: *Das neue Gehirn.* Junfermann, 1996

Johnson, B. E. & Hendrix, O.: *How to Read Better and Enjoy It More.* Wipf & Stock Publishers, 2002

Konstant T.: *Speed Reading in a Week.* Hodder & Stoughton, 2003

Konstant, T.: *Teach Yourself Speed Reading.* McGraw-Hill, 2003

Kump, P.: *Breakthrough rapid reading.* Prentice Hall Press, 1998

Leonard, G.: *Der längere Atem. Die fünf Prinzipien für langfristigen Erfolg im Leben.* Integral, 2003

Lorayne, H. & Lucas, J.: *The Memory Book.* Ballantine Book, 1996

Luria, A. R.: *The Working Brain.* Basic Books, 1973

Marks-Beale, A.: *10 Days to faster Reading.* Warner Books, 2001

Moidl, S.: *Speed Reading for Business.* Barron´s Educational Series, 1998

Nelson, A. P. & Gilbert, S.: *Harvard Medical School Guide to Achieving Optimal Memory.* McGraw-Hill, 2005

Ostrov, R.: *Power Reading.* Education Press, 2003

Raygor, A. L. & Raygor, R. D.: *Effective Reading.* Mcgrax-Hill College, 1974

Redway, K.: *Here´s How Be a Rapid Reader.* Contemporary Publishing Company, 1999

Rial, A. F.: *Speed Reading Made Easy.* Main Street Books, 1985

Rose, C. & Nicholl, M.: *Accelerated Learning for the 21st Century.* Dell Publishing, 1998

Rozakis, L.: *Power Reading.* MacMillan Publishing, 1995

Sadhu, M.: *Concentration. A guide to mental mastery.* Harper, 1959

Schaill, W. S.: *Seven Days to Faster Reading.* Wilshire Book, 1982

Smith, J.: *Speed Reading for Success.* Word Smiths, 2004

Smith, N. B.: *Speed Reading made easy.* Warner Books, 1985

Spence, J. D.: *The Memory Palace of Matteo Ricci.* Penguin Books, 1985

Spitzer, M.: *Geist im Netz. Modelle für Lernen, Denken und Handeln.* Spektrum Verlag, 2000

Vester, F.: *Denken, Lernen, Vergessen.* Dtv, 1998

Wainwright, G.: *Read faster Recall more.* How to Books, 2006

Wechsel, H. B. & Bell, A. H.: *Speed Reading for Professionals.* Barron´s Educational Series, 2005

Weiss, D. H.: *Improve your reading power.* Amacom, 1988

Zorn, R. L.: *Speed Reading.* HarperTouch, 1995

Index

ACTH	15
Adrenalin	16, 131ff.
Aminosäure	81
Antidepressiva	16, 79
Aristoteles	8
Aufmerksamkeit	53
Augenbewegung	28, 41, 51
Autobahneffekt	66, 163
Bacon, Francis	125
Bedeutungseinheit	32, 42
Bewegung	51, 105
Bewusstsein	33, 185
Bits, neurologische	33, 137, 160
Blick	
Blickbiss	91, 93
Blickfeld	91, 133
Blickspanne	71, 91
Blicksprung	71, 97, 100
Blutzucker	17
Bollettieri, Nick	39
Brain Food	79
Casals, Pablo	199
Cicero	8
Circling	104
corpus callosum	35
Denken	
assoziativ	142
Blockierung	131
linear	140
radial	141
Schnittstellen	142
Dopamin	78
Edison, Thomas	109
Eindruck	182
Endorphine	16, 132
Entspannung	133
Epizentrum des Lesens	129
Erinnerung	61, 167ff.
Erinnerungsspanne	174
Ernährung	76ff.
Evolution	14
Fettsäure	80
Filter	185
Fixation	29
Fixationsdauer	29, 70
Formel 1-Reflex	134
foveale Zone	91
Freemind	165
Frustrationstoleranz	109
Gedächtnis	93, 176
Gehirn	
Gehirnhälften	35
Gehirnforschung	9
limbisches	51, 187
Neocortex	51
Neuron	78, 172
Sauerstoffzufuhr	16, 134
Stammhirn	51
Synapse	78
Verknüpfungen	74, 171
Gewohnheiten	143, 176
Golfball	133
Immunsystem	17
Informationseinheiten	129

Index

Inkompetenz	
bewusste	37
unbewusste	37
Klavier spielen	65, 73
Kennedy, John F.	182
Komfortzone	64, 106
Kompetenz	
bewusste	38
Lernkompetenz	160
unbewusste	38
Konditionierung	145
Konzentration	32, 53, 55 97, 130ff., 177
Laktat	14
Lauftraining	
aerob	14
anaerob	14
Lemminge	116
Lernkanal	
auditiv	61, 142
gustatorisch	176
kinästhetisch	56
olfaktorisch	176
visuell	36, 63, 180
Lernkurve	
Verhalten	73
Wissen	171
Leseetappe	191
Lesegeschwindigkeit	7ff.
Berechnung	75
Lesehilfe	54ff.
Lesetest	
Brain Food	76ff.
Die Vorteile des Laufens	14ff.
Irrtümer der Menschheit	113ff.
Leseziel	169, 185
Lesezyklus	185
Lincoln, Abraham	31
Luria, Alexander	175
Mann, Thomas	191
Marathon-Effekt	191
Markierungen	194
Merkwürdigkeit	182, 143
Metronom	66, 88
Miller, George	129
Mineralstoffe	80
Mnemotechnik	130, 177
Motivation	7, 64, 74, 109
Myelin	74
Nährstoffe	81
Narrenkappe	130
Namen	168
Nebennieren	131
Neurotransmitter	78, 131
PET	145
Planeten	177
Plateau	73, 108
Pulstabelle	22
Puzzle	187, 195
Reflexe	
Aktivierungs-Reflex	170
Kino-Reflex	175
Leseziel-Reflex	167
Struktur-Reflex	137
Wiedergabe-Reflex	173
Regressionen	52
Rhythmus	56
Roman	190

Rückblick	195
Rückwärtsschwung	40, 105
Scannen	111, 189
Schereschewski	157
Schlüsselwörter	111, 155
Selbstgespräche	33
Serotonin	16, 79
Silben	43
Sinne	175ff.
Sinneinheiten	8
Skimming	189
Sperry, Roger	35
Spotlight	105
Stoppuhr	13
Stress	131
Struktur-Reflex	137
Subvokalisieren	60
Sumerer	32
Tageszeitung	95
Tagträume	32
Tesla, Nikola	109
Textmarker	194
Trainingsgeschwindigkeit	69
Trainingsplan	72, 86, 111
Tunnelblick	91
Überblick	186
Überlebensinstinkt	51, 131
Übungen	
1.000 wpm Übung	*88*
10 Minuten-Rallye	*154*
2-2-2 Übung	*87*
3-2-1 Übung	*67, 163*
3-Sprung	*102*
Absätze wiedergeben	*174*
Abschlussübung	*75*
Adler-Übung	*189*
BILD-Übung	*96*
Blicksprünge mit Text	*100*
Buchstaben-Baum	*94*
Circling-Übung	*107*
Eins – Zwei – Drei	*101*
Golfball-Übung	*133*
inneres Kino	*179*
Trockenübung	*97*
Zusammenfassung	*111*
Übungszeit	72
Unterbewusstsein	33
Verständnis	26, 29, 136ff.
Visual Card®	9, 139ff.
Regeln	*145*
Verbesserung Merkfähigkeit	*156*
Master Visual Card	*190*
Vitamine	80
Vorwissen	170
Weltliteratur	126
Widerstand	62
Wissensgebiet	164
Wissensmanagement	164
Wissensnetz	171, 191
wpm–Diagramm	25
Zahnplombe	115
Zeitplanung	193
Ziele	109

Sie möchten Ihre Fähigkeiten über die Arbeit mit diesem Buch hinaus vertiefen?

AKADEMIE
GRÜNING

Dazu bieten Ihnen die Seminare der Akademie Grüning die Möglichkeit.

Seminar „Speed Reading - Visual Reading®"

Mit Hilfe der Technik „Visual Reading®" werden Sie Ihre Lesegeschwindigkeit verdreifachen und gleichzeitig Ihr Verständnis und Ihre Erinnerung an den Text erhöhen. Mit der richtigen Lesetechnik werden Sie statt einzelner Wörter, die dem Gehirn keinen Sinn vermitteln, Bedeutungseinheiten aufnehmen.
Dadurch werden Sie Ihr Verständnis beim Lesen erheblich verbessern und eine starke Konzentration auf den Text entwickeln. Sie werden sich problemlos auch an Details erinnern können. Nutzen Sie den Zeitgewinn, um noch mehr Wissen aufzunehmen oder aber für mehr Freizeit.

Seminarinhalte:

- Die Technik „Visual Reading®"
- Wie Sie beim Lesen eine starke Konzentration entwickeln
- Wie Sie den Text während des Lesens in Gedanken in „Mind-Map-Form" verarbeiten
- Steigerung des Verständnisses beim Lesen
- Die wichtigsten Gedächtnistechniken beim Lesen

Für nähere Informationen zu unseren Seminaren und deren Inhalten stehen wir Ihnen gerne zur Verfügung:

Akademie Grüning

Belgradstraße 9, 80796 München, Telefon: 089 – 726 999 27
www.akademie-gruening.de, info@akademie-gruening.de

- Ist das Lernen für Sie ein ständiger Kampf gegen das Vergessen?

- Läuft Ihnen ständig die Zeit davon?

Seminar „Garantiert erfolgreich lernen"

Dieses Seminar richtet sich an jeden, der lernen muss oder möchte. Denn für ein Umstellen auf besseres Lernen ist es nie zu spät.

Langfristige Untersuchungen an verschiedenen Universitäten haben ergeben, dass der Prüfungserfolg unmittelbar von den eingesetzten Lerntechniken abhängt.

Auf dem Weg zum erfolgreichen Abschluss ist somit die richtige Lernmethode das A und O.

Warum also den Großteil der Lernzeit vergeuden und andauernd gegen das Vergessen, die Verständnisschwierigkeiten und Zeitnot kämpfen?

In unserem Seminar erlernen Sie die effektivsten Lerntechniken:

- Mind Mapping
- Zeitmanagement
- Motivation
- Stressmanagement
- Konzentration
- Gedächnisstrategien und Mnemotechnik

Sie erfahren, wie Ihr Lerntag gestaltet werden sollte:

- Was für ein Lerntyp sind Sie?
- Welche Lernperioden sind für Sie geeignet?

Aktuelle Termine unter: www.akademie-gruening.de

VERLAG
GRÜNING

Garantiert erfolgreich lernen

Wie Sie Ihre Lese- und Lernfähigkeit steigern

Der Inhalt in Stichpunkten:

- Visual Reading®
- Mind Mapping / Visual Card®
- Gedächtnisstrategien- und Mnemotechnik
- Zeitmanagement
- Konzentration
- Motivation
- Stressmanagement

Autor: Christian Grüning
ISBN: 3-9810936-0-7

Das Leben ist ein ständiger Lernprozess. Ob für Prüfungen, Examina, berufliche oder private Weiterbildung: Niemand kommt daran vorbei, sich ständig neues Wissen anzueignen.

Nach der Arbeit mit diesem Buch werden Sie schneller und - viel wichtiger- mit besserem Verständnis und einer besseren Erinnerung lesen (**Visual Reading®**). Es wird Ihnen leicht fallen, selbst komplexe Informationen gehirngerecht aufzubereiten und mühelos in Ihr derzeitiges Wissen einzubinden (**Mind Mapping**). Derart "konstruiertes" Wissen werden Sie leicht wieder "re-konstruieren" können und im entscheidenden Moment zur Verfügung haben (**Gedächtnisstrategien & Mnemotechnik**). Unterstützt wird dieser Prozess durch das richtige **Zeitmanagement**. Sie lernen, Ihre Konzentration zu verbessern und eine **starke Motivation** für die wichtigen Aufgaben zu entwickeln. Und das alles **ohne Stress**. Klingt unglaubwürdig? Dann lassen Sie sich überraschen.

Erhältlich in Ihrer Buchhandlung sowie unter:
www.verlag-gruening.de

Neu im Verlag Grüning
Visual Cards® - Jura-Mind-Maps

Viele kostenlose Visual Cards®
zu allen Rechtsgebieten unter:
www.verlag-gruening.de

VERLAG GRÜNING

Auswertungen von Examensklausuren zeigen immer wieder, dass die meisten Examenskandidaten zwar Detailwissen besitzen, aber Probleme beim Aufbau und Verständnis haben.

Visual Cards® eignen sich von Beginn des Studiums für jeden einzelnen Lernschritt: **Überblick - Struktur - Kontrolle**

Erhältliche Visual Cards®

Zivilrecht
- Die 31 wichtigsten Visual Cards® zum *BGB AT*
- Die 36 wichtigsten Visual Cards® zum *Schuldrecht AT*
- Die 30 wichtigsten Visual Cards® zum *Schuldrecht BT 1*
- Die 34 wichigsten Visual Cards® zum *Schuldrecht BT 2*
- Die 30 wichtigsten Visual Cards® zum *Sachenrecht I*
- Die 30 wichtigsten Visual Cards® zum *Sachenrecht II*
- weitere Visual Cards® zum *Zivilrecht* (u.a. Familienrecht, Erbrecht, ZPO, Arbeitsrecht) in Vorbereitung

Strafrecht
- Die 42 wichtigsten Visual Cards® zum *Strafrecht AT*
- Die wichtigsten Visual Cards® zur *StPO*
- weitere Visual Cards® zum *Strafrecht BT* in Vorbereitung

Öffentliches Recht
- Die 28 wichtigsten Visual Cards® zum *Verwaltungsrecht AT*
- Die wichtigsten Visual Cards® zum Verwaltungsprozessrecht
- weitere Visual Cards® zum *Öffentlichen Recht* (u.a. Baurecht, Europarecht, Grundrechte, Staatshaftungsrecht, Landesrecht) in Vorbereitung

Erhältlich in Ihrer Buchhandlung sowie unter:
www.verlag-gruening.de

Das aktuelle Programm finden Sie unter www.verlag-gruening.de